SCHATZKAMMERN DER UNIVERSITÄT BASEL

DIE ANFÄNGE EINER 550-JÄHRIGEN GESCHICHTE

Katalog zur Ausstellung

Herausgegeben im Auftrag des Rektorats
von Martin Wallraff und Sara Stöcklin-Kaldewey

Schwabe Verlag Basel

Umschlag: Stauffenegger + Stutz, Visuelle Gestalter HFG, Basel
Gesamtherstellung: Schwabe AG, Druckerei, Basel/Muttenz
Printed in Switzerland
ISBN 978-3-7965-2674-9

www.schwabe.ch

Inhaltsverzeichnis

Vorwort

«Gott ähnlich werden» durch Bildung – grosse Worte. Der Theologe nimmt sie nicht ohne Zaudern in den Mund. Und doch sind sie der Universität Basel von einem ranghohen Kirchenvertreter mit auf den Weg gegeben worden, zugleich einem grossen Gelehrten: Es war Papst Pius II. in seiner Bulle vom 12. November 1459, die die Errichtung der Universität Basel ermöglichte. Vor 550 Jahren wurde die Bulle im Basler Münster zur Gründung verlesen und danach an den Portalen der Kirche ausgehängt. Wenn heute die Universität zurückkommt ins Münster und wenn sie dort ihre Schatzkammern öffnet, auch die Bulle wieder vorzeigt, dann ist das Anlass zur Freude und zur Dankbarkeit.

Dankbarkeit zunächst den Gründungsvätern gegenüber, die mit ihrer Weitsicht und mit ihrem Gottvertrauen etwas in Bewegung gebracht haben, das anhält und dauert: Bildung und Wissen sind heute nicht mehr, was sie im 15. Jahrhundert waren, doch Wissen bewegt uns auch heute und weiterhin.

Für die Vorbereitung der Ausstellung kam manches in Bewegung, und so ist auch hier vielfach Dank zu sagen. Für die Abfassung des Kataloges konnten zu guten Teilen Autorinnen und Autoren gewonnen werden, die nicht nur fachlich qualifiziert sind, sondern denen die Universität und ihre Geschichte auch persönlich am Herzen liegen. Für ihr Engagement und ihre Bereitschaft ist aufs herzlichste zu danken: Alle Gruppierungen – von den Studierenden bis zu den Emeriti – sind vertreten. Einen ganz besonderen Dank möchte der Unterzeichnete seinem verehrten Vorgänger Prof. Dr. Ulrich Gäbler aussprechen, Kirchenhistoriker und Alt-Rektor der Universität. Er hat das Projekt mit seinem Rat begleitet, selbst Artikel zum Katalog beigesteuert und das gesamte Manuskript einer kritischen Lektüre unterzogen.

Die Ausstellung und der Katalog behandeln die Anfänge der Universität, etwa das erste Jahrhundert ihres Bestehens. Wer darüber hinaus und an Weiterem interessiert ist, sei auf das Projekt einer Universitätsgeschichte am Historischen Seminar hingewiesen (Leitung: Prof. Dr. Susanna Burghartz und Prof. Dr. Georg Kreis). Die Resultate des Projektes sind online zugänglich (www.unigeschichte.unibas.ch), auf einem Computer auch im Rahmen der Ausstellung. Im Druck erscheint ein Band unter dem Titel «550 Jahre Universität Basel. Beiträge zur Universitätsgeschichte».

Dass die Universität ins Münster an die Stelle ihrer Ursprünge zurückkehren kann und Gastfreundschaft im Hochchor des Münsters geniesst, verdankt sie der Evangelisch-reformierten Kirche, insbesondere der Münstergemeinde. Ihr Pfarrer Dr. Franz Christ hat Türen geöffnet, sein Nachfolger PD Dr. Lukas Kundert, zugleich Kirchenratspräsident und Dozent an der theologischen Fakultät, hat sie mit Bereitschaft und Engagement offen gehalten.

Buchstäblich Gestalt angenommen hat die Ausstellung unter den kundigen Händen der Herren Christian Stauffenegger und Ruedi Stutz. Eine so erfreuliche Zusammenarbeit zwischen gestalterischen und wissenschaftlichen Aufgaben ist nicht selbstverständlich. In den Dank an sie sei auch der an den Schwabe Verlag eingeschlossen, namentlich an dessen Leiter Dr. David Marc Hoffmann und den Lektor Dr. Reto Zingg.

Während die päpstliche Stiftungsbulle vor 550 Jahren noch durch einfachen Aushang am Kirchenportal öffentlich zugänglich gemacht werden konnte, ist heute mehr Aufwand nötig. Dadurch entstehen Kosten. Mit grosszügiger und dankenswerter Unterstützung beteiligten sich daran die Freiwillige Akademische Gesellschaft Basel, der Fonds zur Förderung von Forschung und Lehre, die Max Geldner-Stiftung, die La Roche-Stiftung und die Basler Versicherungen.

Nicht zuletzt dank dieser Unterstützung war es möglich, eine wissenschaftliche Mitarbeiterin für das Projekt einzustellen. Sara Stöcklin-Kaldewey hat diese Aufgabe mit grösster Umsicht, Kompetenz und Geduld wahrgenommen. Sie ist auf dem Titelblatt des Katalogs genannt, weil sie die Hauptlast im wissenschaftlichen und organisatorischen Bereich getragen hat. Leser und Besucherinnen verdanken ihr mehr, als sich auf den ersten Blick erkennen lässt.

Eine reale ‹Schatzkammer› hat die Universität nicht. Ihre historischen ‹Schätze› lagern überwiegend in der Universitätsbibliothek und im Staatsarchiv Basel-Stadt. Mit beiden Institutionen ergab sich eine sehr konstruktive und erfreuliche Zusammenarbeit. Für beide seien hier nur die Hauptverantwortlichen dankbar genannt: Dr. Ueli Dill, Leiter der Abteilung Handschriften und Alte Drucke, und Staatsarchivarin Esther Baur. Ebenso sei die Unterstützung durch das Historische Museum und seinen Direktor Dr. Burkard von Roda hier erwähnt. Eine besondere Bedeutung für die Ausstellung hat das Frey-Grynaeische Institut: Von dort stammen nicht nur einzelne Exponate, sondern die Ausstellung insgesamt wurde in seinen Räumen konzipiert und erarbeitet. Mit dem Dank an das Kuratorium dieser Stiftung verbindet sich der an die Stifter: Sie haben der Universität vor 250 Jahren ein grosses Geschenk gemacht, und der jetzige Lektor (erst der zehnte seit Gründung!) ist froh, dass die Verbindung auch auf diese Weise Ausdruck finden kann.

«Gott ähnlich werden» durch Bildung – wer wagt das heute noch so auszudrücken? Doch angesichts einer bewegten und bewegenden Geschichte von 550 Jahren den letzten und grössten Dank an den zu richten, zu dessen Ehre das Münster erbaut ist – das sei dem Theologen auch heute gestattet.

Basel, im Januar 2010 *Martin Wallraff*

Geschichte als Schatz der Universität

«Schatzkammern der Universität»? Gemeinhin wird das Wort ‹Schatz› zu Recht nicht in Verbindung mit einer akademischen Institution verwendet und bedarf hier deshalb der Erklärung. Am 4. April 1460 nahm die Universität Basel mit der feierlichen Eröffnung im Basler Münster ihren Lehrbetrieb auf. Bereits im ersten Jahr ihres Bestehens haben sich 227 Studenten und Dozenten an den vier Fakultäten der Theologen, Juristen, Mediziner und Artisten eingeschrieben. Sämtliche Hörsäle waren ursprünglich in einem Gebäude, in der sogenannten Alten Universität am Rheinsprung untergebracht.

Seit diesem Ereignis sind 550 Jahre vergangen. Im Jahre 2010 kann die älteste Universität der Schweiz mit Freude eine breitere Öffentlichkeit an ihrer Geschichte – ihrem eigentlichen Schatz – teilhaben lassen. Wir sind deshalb stolz, das historische Erbe unserer Universität zum 550. Jubiläum ihrer Gründung zu zeigen. Die meisten in der Ausstellung präsentierten – und im Katalog hervorragend dokumentierten – Exponate waren bisher nur selten, einige noch nie öffentlich zu sehen. Die Ausstellung inspiriert und konzipiert hat unser Basler Kirchenhistoriker Martin Wallraff: Ihm gilt der Dank der Universität für sein aussergewöhnliches Engagement. Er setzte sich dafür ein, dass diese bisher kaum bekannten Stücke zugänglich und wissenschaftlich erschlossen werden.

Das 550jährige Jubiläum steht unter dem Motto «Wissen bewegt uns»: die Geschichte der Universität Basel nicht als rückwärtsgewandtes Konzept, sondern als Basis für eine kritische Auseinandersetzung mit unserer Leistung. Die Beschäftigung mit der Gründungszeit weist auf beides hin: Die Universität Basel sicherte sich Bedeutung und Format aus einer gewissen Freiheit und Autonomie von herrschenden wissenschaftlichen Hypothesen. Andererseits war ihre starke gesellschaftliche Einbindung die eigentliche Grundlage, die zu ihrer Entwicklung als internationaler Werkstatt des Wissens führte. Ihr Wachstum wurde also nur in enger und konstruktiver Interaktion mit den sozialen und politischen Strukturen einer dichten städtischen Gesellschaft möglich. Die Universität entstand auf Initiative der Basler Bürger, welche die intellektuelle Offenheit von Papst Pius II. im Sinne der höheren Bildung zu nutzen wussten.

Heute haben sich die Kontexte, in der die Universität existiert und funktioniert, verändert. Wir blicken auf eine fortschrittliche Hochschule mit einem vielfältigen Lehrangebot, auf einen Ort international vernetzter Forschung und auf ein breites Dienstleistungsangebot, das unsere Institution zu einem für die gesamte Region und weit darüber hinaus bedeutenden Standort gemacht hat. Aus den vier sind sieben Fakultäten geworden, die Zahl der Studierenden ist seit ihrer Gründung auf über 12 000 gestiegen.

Eintrag des Johannes Krämer (Rektor 1475 und 1493/94) im ersten Band der Rektoratsmatrikel. (Universitätsbibliothek Basel)

Trotz der veränderten Kontexte steht die Universität Basel aber auch heute in enger Interaktion mit ihrem Umfeld. Universitäre Einrichtungen verteilen sich über die gesamte Innenstadt und prägen so ihr Bild. Seit 1996 ist die Universität eine autonome Institution, seit 2007 unter der gemeinsamen Trägerschaft des Stadt- und des Landkantons. Die Ausstellung «Schatzkammern der Universität Basel» führt uns zwar zurück zur Gründungszeit unserer traditionsreichen Hochschule, soll jedoch auch ihren Platz in der zeitlosen Geschichte des Wissens vor Augen führen.

Prof. Dr. Antonio Loprieno
Rektor der Universität Basel

Willkommen im Münster

Die Geschichte der Universität Basel beginnt am selben Ort, an dem sie nun zur Feier ihres 550-jährigen Bestehens «Kostbarkeiten aus den Schatzkammern» zeigt. Darunter befindet sich auch ein Bericht der bischöflichen Notare Johannes Friedrich und Johannes Ytelclaus von Münderstat über die Gründungsfeierlichkeiten der Alma Mater Basiliensis. Ihm entnehmen wir, dass sich am 4. April 1460 bereits um sieben Uhr morgens Klerus, Politiker und Bevölkerung im Münster versammelt haben. Die Gründung der Universität und die Ernennung von Dompropst Georg von Andlau zu deren erstem Rektor wurden umrahmt von einer Votivmesse, welche der Bischof in seinen Pontifikalien zelebrierte. Dieser war schon am Vortag in der Hofstube des benachbarten Bischofshofs von einer Abordnung des kleinen Rats als Kanzler der neuen Universität eingesetzt worden. Bei beiden Gelegenheiten versicherte der oberste Kleriker der Stadt dem Münderstat-Bericht zufolge, dass «keine seiner Handlungen in dieser Sache der Basler Kirche Schaden bringen werde» (Weber 2003).

Diese enge Bindung an die Kirche brachte der neuen Hochschule nicht nur keinen Schaden, sondern verhalf ihr im Gegenteil zu einer grundlegenden Erneuerung. Das intellektuelle Potenzial der Universität weitete das Denken auch auf Fragen der Religion aus. Die Auseinandersetzung mit der Heiligen Schrift wurde auf einem akademischen Niveau ausgetragen; die Dogmen der mittelalterlichen Kirche wurden hinterfragt. Es ist kein Zufall, dass die Vordenker der Reformation in Basel, allen voran Oekolampad, an der hiesigen Alma Mater lehrten. Entsprechend fruchtbar blieben die Beziehungen zwischen ihr und der Kirche auch später: Lange Zeit war die Bibliothek des Antistes (des Vorstehers der reformierten Kirche) auch Universitätsbibliothek, und bis in die jüngste Zeit hat die Theologische Fakultät der Basler Universität immer wieder Rektoren zur Verfügung gestellt.

Als heutiger Präsident der reformierten Basler Kirche und zugleich Münsterpfarrer ist es mir deshalb eine Ehre und eine Freude, der Jubiläumsausstellung in unserer Stadtkirche Gastrecht gewähren zu dürfen. In der berührenden Begegnung mit Dokumenten und Gegenständen aus den Gründungsjahrzehnten schliesst sich nach 550 ereignis- und erfolgreichen Jahren ein historischer Kreis.

Pfr. PD Dr. Lukas Kundert
Kirchenratspräsident
der Evangelisch-reformierten
Kirche Basel-Stadt

1. Gründung

Von der Stiftung bis zur Eröffnung

Lit.: Vischer 1860; Bonjour 1958, 1960, Kap. 2 u. 1960a; Borgolte 1985; Lorenz 1999; Speck 1999.

Am 4. April 1460 erfolgte in Basel die feierliche Gründung der Universität, und noch im gleichen Monat (25.–27. April) stellte man in Freiburg die Eröffnungsfeierlichkeiten der dortigen Universität unter das Motto «Die Weisheit hat sich ein Haus gebaut» (Speck 1999, 110). Damit fanden im Abstand von drei Wochen gleich zwei Universitätseröffnungen am Oberrhein statt.

Während des Basler Konzils hatte sich zwischen 1432 und 1448 eine temporäre Universität etabliert (→ 6.; Bonjour 1960a, 59ff.). Sie diente als Initialzündung für die Gründungsprojekte in Basel wie in Freiburg. Die wichtigsten Promotoren der Basler Universitätsgründung hatten selbst an der Konzilsuniversität studiert und gelehrt. Verbindungen lassen sich auch für Freiburg nachweisen, so etwa für Arnold von Rotberg, 1451 bis 1458 Bischof von Basel, Lehrer der Theologie an der Basler Konzilsuniversität und später Kanzler der Universität Freiburg. Weder Basel noch Freiburg standen mit ihrem Wunsch nach einer Universitätsgründung im 15. Jahrhundert allein. Vielmehr kam es zwischen 1456 und 1477 zu einer ganzen Reihe von Neugründungen vornehmlich im süddeutschen Raum, die Ernst Schubert als «fromme Werke im Sinne der Kirchenreform» und damit zugleich «Anstösse, die von den Basler Konzilsdiskussionen ausgingen» verstanden hat (Schubert 1999, 256). Die fünfziger Jahre des 15. Jahrhunderts wiesen mit Greifswald, Freiburg, Basel und Ingolstadt eine besondere Gründungsdichte auf. Daneben gab es auch Gründungsversuche, die scheiterten, wie im Fall von Pforzheim, für das der Badische Markgraf Karl I. 1459 in Mantua eine entsprechende Supplik einreichte (Lorenz 1999, 16). Der Basler Rat handelte also in einem dichten Feld paralleler Initiativen.

In Freiburg betrieb der österreichische Erzherzog Albrecht VI. die Gründung einer Universität wohl seit Anfang der 1450er Jahre. 1458 beschleunigten sich die Entwicklungen: Am 14. Mai wurde der Stiftungsbrief Albrechts VI. mit den Statuten für die Universität im Freiburger Münster feierlich verlesen. Kurz zuvor war der Bischof von Basel und Kanzler der Universität Freiburg, Arnold von Rotberg, gestorben. Noch im gleichen Jahr verliess Albrecht die Vorlande definitiv, und Aeneas Silvius Piccolomini (→ 6.1.) wurde im Sommer 1458 als Pius II. zum Papst gewählt. Damit hatten sich die Konstellationen so deutlich verändert, dass andere Teilnehmer der Konzilsuniversität die Gründung einer Universität in Basel voranzutreiben begannen. Bereits im nächsten Jahr brachte der Basler Bürgermeister, Hans von Flachsland (→ 2.1.), dessen Bruder ein Vertrauter Pius' II. war, einen entsprechenden Wunsch vor, als er dem neuen Papst in Mantua zur Wahl gratulierte. Die Supplik stiess auf Wohlwollen.

Es folgten Monate intensiver Vorbereitung, in denen sich die Befürworter des Projektes gegen alle Einwände und Bedenken durchsetzen konnten. Die Beispiele gescheiterter Gründungsversuche in Regensburg, Lüneburg, Breslau und Pforzheim machen deutlich, welche politisch-organisatorische Leistung hinter der Basler Gründung steckte, die, einmal ins Auge gefasst, bemerkenswert schnell realisiert wurde. Im August wurde eine Kommission, die sogenannten Deputaten, zur Behandlung des Geschäftes eingesetzt (→ 2.5.). Am 10. Oktober beschlossen Deputaten und Rat der Stadt Basel, um eine päpstliche Stiftungsbulle zu ersuchen, und sandten Hans von Flachsland erneut nach Mantua (Borgolte 1985, 114). Am 12. November 1459 stellte Pius II. tatsächlich die gewünschte Bulle (→ 1.2.) aus. Als sie in Basel eintraf, kam es noch einmal zu heftigen Diskussionen. Schliesslich empfahlen Deputaten und Rat den Sechsern (Vorsteher der Zünfte) das Projekt zur Annahme.

In den folgenden Wochen bemühte sich Basel um die finanzielle Sicherung des künftigen Universitätsbetriebs, die allerdings nicht im gewünschten Umfang gelang. Am 26. Dezember erliess Pius II. immerhin eine Bulle, in der er der Universität fünf Pfründen aus den Diözesen Konstanz, Lausanne und Basel mit einem Gesamteinkommen von 290 Gulden inkorporierte; die Umsetzung dieser Inkorporation sollte sich jedoch als anhaltend schwierig erweisen (→ 2.4.). Neben den Bemühungen um die finanzielle Sicherung verfolgte der Rat auch die organisatorisch-rechtlichen Aspekte weiter und plante mit dem Basler Bischof, der als Kanzler der Universität Basel amten sollte, die aufwändige Eröffnungsfeier am 4. April 1460. Ihr Ablauf ist in einer Urkunde notariell festgehalten und in den Einzelheiten beschrieben (→ 1.3.). Auch das neu angelegte Matrikelbuch (→ 1.4.) enthielt gleich zu Beginn eine Miniatur mit der Darstellung der feierlichen Eröffnungsmesse samt Übergabe der Stiftungsurkunde. Drei Tage später, am 7. April 1460, gab der Rektor die Eröffnung der Universität öffentlich bekannt und rief zu ihrem Besuch auf.

Noch in der Planungsphase hatte sich der Rat verpflichtet, eine Ordnung mit besonderen Freiheiten für die Universität einzurichten (Bonjour 1958, 417). Die entsprechenden Statuten wurden als sogenannter Freiheitsbrief (→ 1.5.) am 28. Mai 1460 vom Rat angenommen und als Urkunde auf Deutsch und Lateinisch ausgestellt. Sie sicherten den Angehörigen der Universität weitgehende Privilegien. Rektor und Universität verpflichteten sich in einer feierlichen Gegenerklärung, den sogenannten Concordata oder Compacta (→ 1.6.) vom 6. September einzuschreiten, falls Universitätsangehörige ihre rechtlichen oder ökonomischen Privilegien missbrauchten. Künftig wurden diese rechtlichen Grundlagen der Universität jährlich anlässlich der Ratserneuerung öffentlich verlesen und von der Bürgerschaft beschworen.

S. B.

Erste Textseite der Rektoratsmatrikel. (Universitätsbibliothek Basel)

.1. Eine Lebensgeschichte: Peter von Andlau

* ~1420, † 1480

Lit.: Laband 1880; Hürbin [2]1897; Müller 1998.

Peter von Andlau, der die Gründung der Universität Basel vorantreiben und ihre spätere Ausgestaltung wesentlich mitprägen sollte, wurde zwischen 1415 und 1425 im niederelsässischen Andlau geboren. Seine akademische Laufbahn begann in Heidelberg, wo er sich 1439 zum Studium einschrieb. Sowohl seine Wertschätzung des Aristoteles als auch die scholastische Haltung sollte ihn als Erbe dieser Studienzeit ein Leben lang begleiten. Als ihn sein weiterer Weg nach Pavia führte, wo er 1444 das Lizentiat der Rechte erwarb, ergänzten und befruchteten Kontakte zu italienischen Humanisten und die Entdeckung der klassischen Autoren sein «Heidelberger» Denken.

1444 kam er nach Basel, wo er bei seinem Onkel Georg von Andlau in der Dompropstei an der Rittergasse Wohnsitz nahm. Als bischöflicher Kaplan und Lehrer am «Domstift» (Münster) begann er seine geistliche Laufbahn. Dass diese für ihn mehr als eine einträgliche Karriere bedeutete, macht sein leidenschaftlicher Einsatz für Reformen deutlich – in einem frühen Traktat rief er mit Nachdruck zur sittlichen Besserung des Priesterstandes auf.

Schon früh förderte er bei seinen Zuhörern das Interesse am wissenschaftlichen Studium. In seiner denkwürdigen Eröffnungsrede zu einer juristischen Disputation im Sommer 1450 drückte er sein Bedauern über die Untätigkeit der gelehrten Männer der Stadt aus. Mit der Wiederbelebung der Disputationen trug er seinen Teil dazu bei, die Erneuerung des wissenschaftlichen Betriebs durch eine Universitätsgründung voranzutreiben. Während Vertreter der Stadt wie Bürgermeister Hans von Flachsland (→ 2.1.) mit dieser breit diskutierten Idee in erster Linie wirtschaftliche Interessen verbanden, stand für Peter von Andlau die Wissenschaft im Vordergrund. Er wird deshalb den Auftrag des Rates, eines von drei Gutachten zu einer allfälligen Universitätsgründung zu verfassen, bereitwillig angenommen haben. Mit selbstbewusster Zuversicht strich er die Vorteile des Studiums heraus und sprach sich vorbehaltlos für das Wagnis aus. Ein später in der Rektoratsmatrikel (→ 1.4., fol. 2[r]) verewigtes Gedicht von seiner Hand bezeugt die freudige Genugtuung, die er nach dem positiven Entscheid des Rates empfand.

Es wundert nicht, dass die engagierten Förderer der Universität nach der Gründung auch deren Würdenträger wurden. Erster Rektor war Peters Onkel Georg von Andlau, während er selbst das Amt des Vizekanzlers innehatte. Dreimal sollte er zudem Dekan seiner Fakultät werden, 1471 auch Rektor. Er versah die erste ordentliche Professur für kanonisches Recht und die zweite für römisches Recht. In seinen diversen Funktionen beteiligte er sich aktiv am Aufbau der noch wenig gefestigten Universitätsstrukturen. So war er gemeinsam mit Johannes Heynlin (→ 5.1.) Teil einer Kommission zur Beratung und Abfassung neuer Statuten (→ 3.4.). In seinem Wohlwollen gegenüber den Humanisten unterstützte er die Schaffung einer Professur für Poesie und liess wiederholt seine Kontakte spielen, wenn es um die Anstellung renommierter italienischer Gelehrter ging. Seine enge Verbindung zu unterschiedlich positionierten Persönlichkeiten wie Sebastian Brant oder Johannes Heynlin bezeugt den Weg der Vermittlung, den Peter von Andlau auch in seiner Arbeit als Jurist immer wieder bevorzugte. Überzeugter Scholastiker, erkannte er doch die Anliegen des Humanismus und teilte sie. Er stand für die Oberhoheit des Papstes in kirchlichen und weltlichen Belangen ein, verkannte aber nicht den Reformbedarf der römischen Kirche.

Diese Einstellung zeigte auch sein 1460 verfasstes, Kaiser Friedrich III. gewidmetes Werk *Libellus de Caesarea monarchia* (auch *De imperio Romano-Germanico*, ed. Müller 1998), das ihm bleibenden Ruhm sicherte. Er schuf damit die erste zusammenhängende Darstellung des deutschen Staatsrechts. In zwei Büchern behandelte er einerseits Entstehung und Idee des Staates, andererseits das tatsächliche Reichsstaatsrecht seiner Zeit. Die scholastische Methode, mit der er vorging, zeigt sich an der Abhängigkeit von mittelalterlichen Autoren, doch scheint bereits die neue geistige Strömung durch, indem eben diesen Autoren Aussprüche italienischer Humanisten und Zitate lateinischer Klassiker zur Seite gestellt werden.

S. St.

1.2. Päpstliche Stiftungsbulle

Mantua, 12. November 1459
Staatsarchiv Basel-Stadt, Städt. Urk. 1658
Lit.: Vischer 1860, 13–26; Wackernagel 1907–1924, II, 2, 550–558; Widmer 1960, 21–22; Bonjour 1960, 24–28; Sieber 1999, 114–116; Terzoli 2005, 25–28.

Die päpstliche Stiftungsbulle der Universität Basel, unterschrieben von Pius II., wurde am 12. November 1459 in Mantua ausgefertigt und vom Basler Bürgermeister Hans von Flachsland (→ 2.1.) nach Basel gebracht. Nachdem Aeneas Silvius Piccolomini (→ 6.1.) im August 1458 zum Papst gewählt worden war, hatte ihm Flachsland im Sommer 1459 die offiziellen Glückwünsche der Stadt überbracht und dabei unter anderem den Basler Wunsch nach der Gründung einer Universität bekundet. Die Sympathie des neuen Papstes für die Stadt – wo er in seiner Jugend längere Zeit verbracht hatte und die ersten Schritte seiner beeindruckenden Karriere gegangen war – sollte der Forderung zuträglich sein. Im Herbst wurde Flachsland vom Basler Rat erneut an den päpstlichen Hof, genauer an den Kongress der christlichen Fürsten in Mantua geschickt, um eine Bulle zu erbitten. Mitglied der Delegation war auch der Stadtschreiber Konrad Künlin, der Jahre zuvor zusammen mit Aeneas Silvius zu den Sekretären des Konzils gehört hatte. Dabei begünstigte die Anwesenheit des Domdekans und päpstlichen Kämmerers Hans Wernher von Flachsland, einem Bruder von Hans von Flachsland, und dessen kuriale Erfahrung am päpstlichen Hof die Ausfertigung der Bulle und deren schnelle Behandlung durch die streng reglementierten Abläufe des päpstlichen Korrespondenzprotokolls (Widmer 1960, 21–22; Bonjour 1960, 24–28; Sieber 1999, 114–116).

Ausdrückliche Hinweise auf die Ankunft der Basler Gesandten beinhalten die *Commentarii* von Piccolomini allerdings keine. Vielleicht schien das Ereignis unbedeutend gegenüber den schwerwiegenden politischen und religiösen Problemen der christlichen Welt, mit denen Aeneas Silvius, nunmehr Pius II., sich zu befassen hatte. Dennoch scheint in der päpstlichen Bulle, welche die Gründung der neuen Universität gewährt, die alte Liebe für die Rheinstadt nachzuklingen. Jenseits der Kanzleiformeln und des juristischen und topischen Jargons, die sich auch in anderen Universitätsgründungsbriefen, wie jenen der Universitäten von Köln (1388), Prag (1348), Heidelberg (1385), Leipzig (1409) und Nantes (1461) finden (Vischer 1860, 26–29; Bonjour 1960, 28), lässt sich in dieser offiziellen Prosa vielleicht doch eine ferne Erinnerung an ein längst vergangenes Leben und ein leises Echo des Lobes auf die Stadt Basel ausmachen, die Piccolomini viele Jahre zuvor als Idealstadt beschrieben hatte (Terzoli 2005, 25–28).

Die Eröffnungsfeierlichkeiten der Universität wurden am 4. April 1460, dem Tag des heiligen Ambrosius, Gelehrter und Bischof, im Basler Münster abgehalten; sie sind in der Notarsurkunde über die Errichtung der Universität genau beschrieben (→ 1.3.). Während der Zeremonie verlas der päpstliche Notar Johannes Friedrich von Münderstat diese und die anderen drei päpstlichen Bullen (→ 2.4.), die der Stadtschreiber Konrad Künlin tags zuvor offiziell dem Bischof überreicht hatte. Für kurze Zeit liessen die Notare die vier Bullen im Original an den Kirchenpforten aushängen. Anschliessend wurden sie durch beglaubigte Kopien ersetzt: Jedermann sollte die Möglichkeit haben, sie zu lesen (Vischer 1860, 32–35; Wackernagel 1907–1924, II, 2, 558; Bonjour 1960, 40). Die Stiftungsbulle ist mit ihrem roten Siegel klar erkennbar in der Titelminiatur der Rektoratsmatrikel (→ 1.4.), in der der Höhepunkt der Zeremonie dargestellt ist: Der Moment, in dem der Bischof Johannes von Venningen, Kanzler der Universität, am Hochaltar und im Pontifikalgewand, die Bulle Hans von Flachsland überreicht, der in der rechten unteren Ecke, mit dem Stadtwappen und jenem seiner Familie, zu sehen ist (Hartmann 1939, 15; Ganz 1960, 76–77).

Mehr als ein Jahrhundert später wird Petrus Ramus in seinem Lob auf Basel, *Basilea. Ad senatum populumque Basiliensem* (1570), einige Aspekte der päpstlichen Bulle wieder aufnehmen und die Gründung der Universität durch Pius II. als Gabe und Ornament interpretieren – an eine Stadt, welcher der Papst durch alte Dankbarkeit verbunden war: «Aeneas Sylvius erinnerte sich nämlich dankbar der Menschlichkeit der Basler ihm gegenüber. Weil sie ihn, während er als Schreiber des Basler Konzils an einer Pest litt, mit höchstem Eifer und grosser Dienstfertigkeit gepflegt und erquickt hatten, zeichnete er die um ihn so wohlverdiente Stadt mit einer Universität aus, die mit allen Privilegien der löblichen Wissenschaften ausgestattet war» (Fleig 1944, 35).

M. A. T.

Text der Bulle

Übersetzung: S. St. auf der Grundlage von Vischer 1860, 26–28.
Editionen: Hagenbach 1840, 49–51; Vischer 1860, 26–28 (Übersetzung) u. 268–70; Bonjour 1960, 35–36; Terzoli 2005, 50–51 u. 2006b, 277.

Pius Episcopus servus servorum dei, Ad perpetuam rei memoriam

Inter ceteras felicitates quas mortalis homo in hac labili vita ex dono dei nancisci potest, ea non in ultimis computari meretur, quod per assiduum studium adipisci valeat scientie margaritam, que bene beateque vivendi viam prebet, ac peritum ab imperito sua pretiositate longe faciat excellere, hec preterea illum deo similem reddit et ad mundi archana cognoscenda dilucide introducit suffragatur indoctis et in infimo loco natos evehit in sublimes.

Et propterea sedes apostolica rerum spiritualium et etiam temporalium provvida ministratrix, liberalitatis honeste circumspecta distributrix et cuiusvis laudabilis exercitii perpetua et constans adiutrix, ut eo facilius homines ad tam excelsum humane conditionis fastigium acquirendum et acquisitum in alios refundendum, semper cum augmento quesiti facilius inducantur, cum aliarum rerum distributio massam minuat, scientie vero communicatio quantum in plures diffunditur, tanto semper augeatur et crescat, illos hortatur, eis loca preparat, et opportune commoditatis auxilia impartitur.

Cum itaque sicut pro parte dilectorum filiorum Magistricivium, Consulatus et Communitatis Civitas Basiliensis nobis nuper exhibita petitio continebat ipsi non solum ad rei publice ipsius Civitatis sed etiam ad aliarum partium illi vicinarum utilitatem et prosperitatem intendentes, in prefata Civitate Basiliensi tamquam loco insigni et accomodo, in quo aeris viget temperies, victualium ubertas, ceterarumque rerum ad usum vite humane pertinentium copia reperitur, et a qua famosa studia Alamanie satis distare noscuntur, plurimum desiderent fieri et ordinari per eandem sedem studium generale in qualibet licita facultate, ut ibidem fides catholica dilatetur, erudiantur simplices, equitas servetur, iudicii vigeat ratio, illuminentur mentes, et intellectus hominum illustrentur, Nos premissa et etiam eximiam ipsorum Magistricivium Consulatus et Communitatis fidei et devotionis sinceritatem,

Pius, Bischof, Knecht der Knechte Gottes zum ewigen Gedächtnis der Sache

Unter all die Freuden, welche der sterbliche Mensch in diesem hinfälligen Leben durch Gottes Gabe erlangen kann, verdient nicht zuletzt sein Vermögen gezählt zu werden, durch beharrliches Studium die Perle der Wissenschaften zu erringen. Diese weist ihm den Weg zu einem guten und glücklichen Leben und bewirkt in ihrer Kostbarkeit, dass der Erfahrene weit über den Unerfahrenen hervorragt. Sie macht ihn darüber hinaus Gott ähnlich und führt ihn hin zur klaren Erkenntnis der Geheimnisse der Welt. Den Ungelehrten hilft sie und hebt auch die von niedrigster Geburt zu den Erhabenen hinauf.

Als behutsamer Spender geistlicher und weltlicher Güter, umsichtiger Verteiler in ehrbarer Freigiebigkeit und stetiger und beharrlicher Förderer jeder löblichen Übung ermutigt der apostolische Stuhl deshalb [die Gelehrsamkeit], bereitet ihr Stätten und gewährt die angemessene Hilfe. So sollen die Menschen umso leichter dazu geführt werden, den Gipfel der menschlichen Natur zu erreichen, und wenn sie [dieses Gut] erlangt haben, es weiter zu verbreiten. Das Gewonnene vermehren sie dabei, denn während die Verteilung anderer Güter deren Masse verringert, wächst und gedeiht die Wissenschaft umso mehr, je grösser die Zahl derer ist, die sich an ihr beteiligen.

Nun wünschen unsere geliebten Söhne, der Bürgermeister, Rat und die Gemeinde der Stadt Basel in einer uns kürzlich dargebotenen Bittschrift sehr, dass durch denselben [apostolischen] Stuhl eine Universität mit jeder erlaubten Fakultät gestiftet und angeordnet werde. [Die Bittsteller sind] nicht allein auf den Nutzen und das Gedeihen des Gemeinwesens ihrer eigenen Stadt, sondern auch der andern umliegenden Gegenden bedacht. [Denn eine Universität soll dazu beitragen], dass der katholische Glaube sich verbreite, die einfachen [Gemüter] unterrichtet werden mögen, der Gleichheit gedient sei, verständiges Urteil kräftig gedeihe, der Geist der Menschen erhellt und ihr Verstand erleuchtet werde. Als Ort, der sich einer milden Luft erfreut, wo Überfluss an Nahrungsmitteln und eine Fülle aller andern zum täglichen Leben nötigen Dinge gefunden wird und von dem die berühmten Hohen Schulen Deutschlands bekanntermassen ziemlich weit entfernt sind, eignet sich die Stadt Basel [als Stätte der Bildung ausgezeichnet]. In Anbetracht dessen und der ausgezeichneten, aufrichtigen Treue und Ergebenheit, welche Bürgermeister, Rat und Gemeinde bewiesenermassen gegen uns

quam ad nos et Romanam Ecclesiam gerere comprobantur, attente considerantes, ferventi desiderio ducimur, quod Civitas predicta scientiarum ornetur muneribus, ita ut viros producat consilii maturitate conspicuos, virtutum redimitos ornatibus, et diversarum facultatum dogmatibus eruditos, sitque ibi scientiarum fons irriguus, de cuius plenitudine hauriant universi litterarum cupientes imbui documentis.

Dictorum Magistricivium Consulatus et Communitatis in hac parte supplicationibus inclinati, ad laudem divini nominis, et prelibate fidei propagationem ipsius reipublice et partium earundem commodum atque profectum auctoritate apostolica statuimus, et ordinamus, quod in ipsa Civitate Basiliensi de cetero sit, et perpetuis futuris temporibus vigeat studium generale, tam in Theologia, ac Jure Canonico, et Civili quam quavis alia licita facultate, ipsiusque studii Basiliensis Cancellarius sit venerabilis frater noster Johannes, et pro tempore existens Episcopus Basiliensis, ac legentes et studentes ibidem omnibus, et singulis privilegiis, libertatibus, honoribus, exemptionibus, et immunitatibus concessis Magistris, Doctoribus et studentibus commorantibus et residentibus in generali studio Nostre Civitatis Bononiensis gaudeant et utantur. Et insuper Cancellario, Magistris, Doctoribus et Scolaribus dicti Studii Basiliensis faciendi statuta et ordinationes ad instar eiusdem studii Bononiensis, que tamen si rationabilia fuerint per sedem predictam confirmentur, plenam et liberam tenore presentium concedimus facultatem. Non obstantibus Constitutionibus et ordinationibus apostolicis ceterisque contrariis quibuscunque.

Nulli ergo omnino hominum liceat hanc paginam nostrorum statuti ordinationis et concessionis infringere vel ei ausu temerario contraire. Si quis autem hoc attemptare presumpserit, indignationem omnipotentis dei ac beatorum Petri et Pauli Apostolorum eius se noverit incursurum.

Datum Mantue Anno Incarnationis dominice Millesimoquadringentesimoquinquagesimonono, pridie Idus Novembris, Pontificatus nostri Anno Secundo.

pro Servatio
Jo. de Tartarinis

und die römische Kirche hegen, sind auch wir nach sorgfältiger Überlegung vom brennenden Wunsch erfüllt, dass die genannte Stadt mit den Gaben der Wissenschaft geschmückt werde. Sie soll Männer hervorbringen, die durch Reife des Urteils auffallen, gekrönt mit dem Schmuck der Tugenden und gelehrt in der Weisheit der verschiedenen Fakultäten. Diese sollen ein sprudelnder Quell der Wissenschaft sein, aus dessen Fülle alle schöpfen mögen, welche in die Schriften der Gelehrsamkeit eingeweiht werden möchten.

Auf die diesbezüglichen Bitten der genannten Bürgermeister, Rat und Gemeinde hin beschliessen und bestimmen wir daher kraft unser apostolischer Autorität, zum Lob des göttlichen Namens, zur Verbreitung des vorbenannten Glaubens und zu Nutzen und Förderung des Gemeinwesens und seiner Glieder, dass in der Stadt Basel fortan eine Universität sei und für alle Zukunft bestehen solle. Sie umschliesst die Theologie, die kanonischen und bürgerlichen Rechte sowie jede andere erlaubte Fakultät. Kanzler der Basler Universität soll unser ehrwürdiger Bruder Johannes und [nach ihm] der jeweilige Bischof von Basel sein. Die am Ort Lehrenden und Studierenden sollen sich aller und jeglicher Privilegien, Freiheiten, Ehren, Rechte und Immunitäten erfreuen und davon Gebrauch machen, welche auch den an der Universität unserer Stadt Bologna verweilenden und wohnhaften Magistern, Doktoren und Studenten bewilligt sind. Ferner erteilen wir dem Kanzler, den Magistern, Doktoren und Schülern der besagten Basler Universität dauerhaft die volle und freie Befugnis, nach der Weise der Universität von Bologna Satzungen und Ordnungen zu beschliessen. [Diese sollen,] wenn sie zweckmässig sind und den apostolischen Konstitutionen, Ordnungen und was sonst damit im Widerspruch sein mag, nicht entgegenstehen, vom [apostolischen] Stuhl bestätigt werden.

Keinem Menschen soll es demnach erlaubt sein, sich diesem Brief unserer Satzung, Ordnung und Bewilligung zu widersetzen oder ihm durch unbesonnenes Unterfangen entgegenzutreten. Sollte sich dennoch jemand erdreisten, dies zu versuchen, so sei ihm bewusst, dass er den Zorn des allmächtigen Gottes und seiner seligen Apostel Petrus und Paulus auf sich laden würde.

Gegeben zu Mantua, im Jahre der Menschwerdung des Herrn 1459, am Tag vor den Iden des November [12. November], im zweiten Jahre unseres Pontifikats.

[Unterschrift]

1.3. Schilderung und Beglaubigung der Gründungszeremonie

Basel 1460
Staatsarchiv Basel-Stadt, Städt. Urk. 1674
Lit.: Hartmann 1939 (Edition); Schuler 1976 u. 1996; Weber 2003, 2004 u. 2004a.

Die Notariatsurkunde ist eines von mehreren Exemplaren, die die bischöflichen Notare Johannes Friedrich und Johannes Ytelclaus von Münderstat für den Bischof und den Rat von Basel ausfertigten. Sie dokumentiert das Gründungsgeschehen der Universität, das sich am 3. April 1460 in der Begegnung von Bischof und Rat im Bischofshof und am 4. April, dem Festtag des heiligen Ambrosius, im Münster vollzog. Am 3. April präsentierte der Stadtschreiber Konrad Künlin im Namen des Rates Bischof Johannes von Venningen die Stiftungsbulle (→ 1.2.). Dieser übergab sie Johannes Friedrich von Münderstat zur Verlesung. Der anschliessend durch den Rat geäusserten Bitte an den Bischof, gemäss des päpstlichen Auftrags die Würde des Kanzlers der neuen Universität zu übernehmen, stimmte dieser mit einer im Wortlaut wiedergegebenen Rede zu. Am darauffolgenden Morgen zelebrierte Johannes von Venningen in vollem bischöflichen Ornat am Hochaltar des Münsters eine Messe mit Bitte um den Heiligen Geist, in deren Rahmen die Universität eröffnet wurde. Die vier Papsturkunden, die der Rat dazu erlangt hatte (die Stiftungsbulle und drei Schreiben zur finanziellen Ausstattung), wurden durch den Stadtschreiber übergeben und durch den bischöflichen Notar laut am Altar verlesen. Der päpstlichen Erlaubnis zur Gründung der Universität kamen nun der Bischof als Kanzler und der Alt-Bürgermeister Hans von Flachsland (→ 2.1.) als Repräsentant des Rates nach. Der Bischof berief den Dompropst Georg von Andlau zum ersten Rektor und vereidigte ihn mit der Zusage, der neuen Gemeinschaft eine durch Statuten gesicherte Ordnung zu geben. Der Rat wiederum verpflichtete sich gemäss seiner Zuständigkeit zur Wahrung der Freiheit der Universität und zum Schutz der Studenten. Abschliessend publizierten die bischöflichen Notare die Papsturkunden, indem sie sie an die Türflügel des Münsters anschlugen und nach einer Weile durch Kopien ersetzten. Dies war eine übliche Form der Veröffentlichung, die auch zur Zeit des Konzils oder im Fall von Ablassurkunden praktiziert wurde.

Die beiden Geistlichen und öffentlichen Notare an der bischöflichen Kurie gehörten einer Basler Notarsfamilie an, die sich nach Münnerstadt im Bistum Würzburg nannte. Mit anderen Protagonisten der Universitätsgründung verbindet Johannes Friedrich die Tätigkeit im Umfeld des Basler Konzils, hatte doch der Rat bereits damals seine Dienste in Anspruch genommen. Nun dokumentierte er nicht allein schriftlich das Geschehen, sondern trug auch als Akteur zur Eröffnung der Universität bei, indem er die Urkunde laut verlas und ihr damit und durch die Glaubwürdigkeit (fides publica) seines Berufsstandes öffentlich Autorität verlieh.

Mit der notariell ausgefertigten Urkunde besassen die Empfänger der erbetenen Papsturkunden ein rechtserhebliches Dokument, das den Erhalt, die Prüfung auf Unversehrtheit, die Veröffentlichung und die gebotene Umsetzung der im Wortlaut wiedergegebenen Bullen bezeugte. Darüber hinaus verband es, wie die Rektoratsmatrikel (→ 1.4.), den Wortlaut der Schriftstücke mit weiteren Äusserungen aus dem Eröffnungsgeschehen zu einem Ganzen, auf dessen Bedeutung auch seine repräsentative Ausschmückung hinweist. So stehen die persönlichen Notarszeichen, die das Dokument beglaubigen, in ihrer Sinnbildlichkeit in Beziehung zu anderen symbolischen Formeln der hochformatigen (77 × 59 cm) Urkunde. Die drei Blätter des einen Signets verweisen auf die göttliche Trinität, die in der *Invocatio* in der ersten Zeile angerufen wird. Diese wird durch eine Initiale und durch Auszeichnungsschrift hervorgehoben, ebenso wie weiter unten der Papstname Pius, mit dem die vier Urkunden beginnen, sowie das Wiedereinsetzen des Urkundenkontexts. Dies erinnert an das Layout der im Spätmittelalter massstabsetzenden Papst- oder Ablassurkunden.

Als Hauptquelle für die Eröffnung der Basler Universität überliefert das Schriftstück wichtige Elemente des Zeremoniells. Seine Erstellung diente nicht bloss der Beurkundung, sondern war, verschränkt mit anderen Schriftdenkmälern, selbst Teil des feierlichen Eröffnungsgeschehens. Das macht es mit anderen Dokumenten seiner Zeit vergleichbar, die aus Gründungs- und Herrschaftsritualen heraus entstanden.

C. F. W.

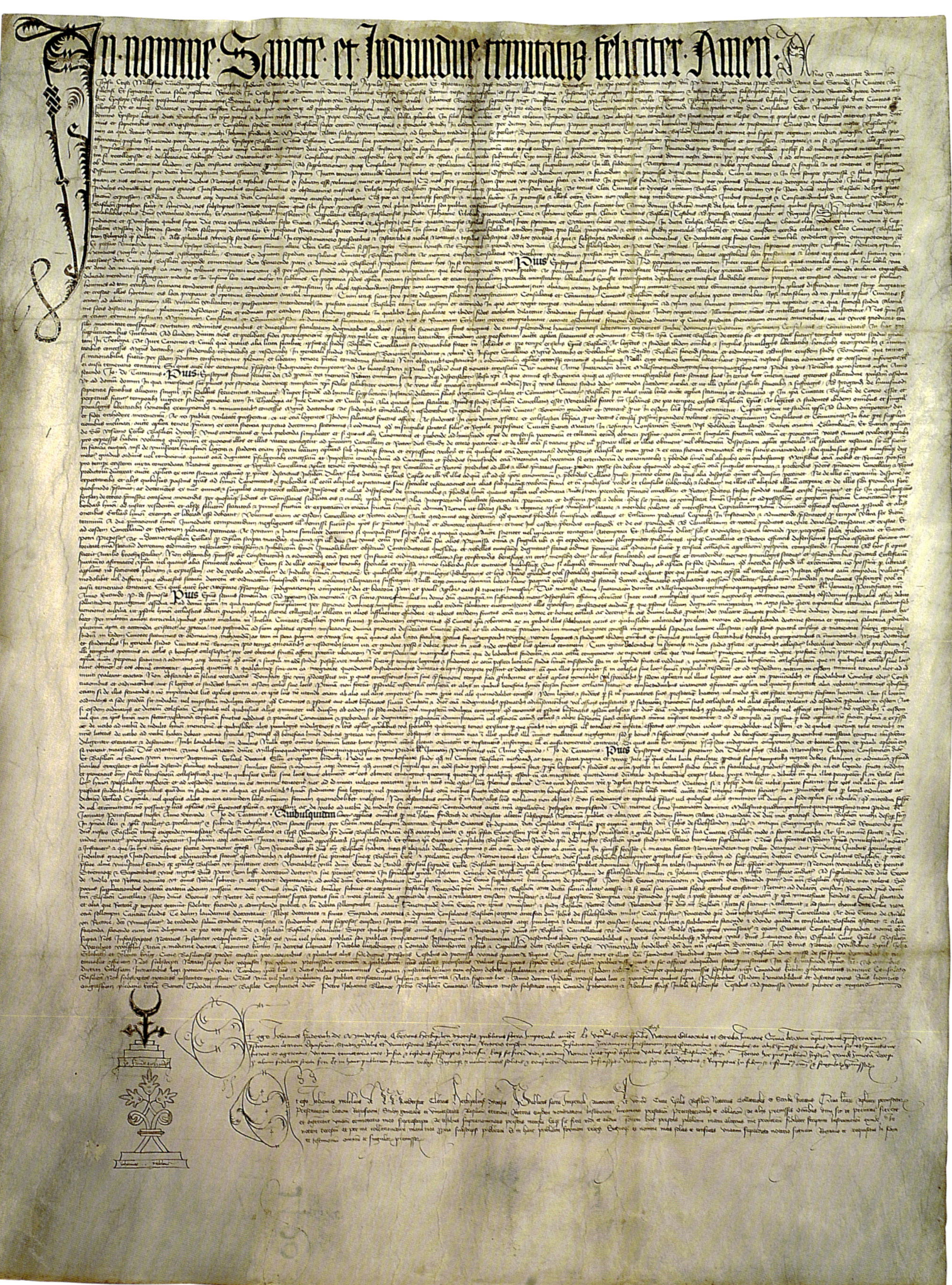

In nomine Sancte et Individue trinitatis feliciter Amen

1.4. Rektoratsmatrikel

Rektoratsmatrikel der Universität Basel, Band 1, 1460–1567
Universitätsbibliothek Basel, Mscr. AN II 3, hier fol. 2v
Lit.: Wackernagel 1951–1956 (Edition); Ganz 1960.

Mitglied einer Universität zu sein brachte nicht nur Prestige mit sich, sondern auch ganz konkrete Privilegien, die die Stadt gewährte (→ 1.5.). Darum war es wichtig, genau zu wissen, wer sich mit Recht auf solche Privilegien berufen konnte. Mit grosser Sorgfalt führte die Universität, ja der Rektor persönlich, die Liste der Eingeschriebenen, die so genannte Matrikel. Die praktisch-administrative Funktion dieser Liste ist indes nur ein Aspekt der kostbaren Basler Rektoratsmatrikel. Die Pracht und die Sorgfalt, mit der dieses Verzeichnis geführt wurde, weist auf die repräsentative Funktion hin: Mehr als in sichtbaren Bauten oder in einzelnen Personen konstituieren sich Identität und Bedeutung der Universität als Institution in diesem Buch. Einen kostbaren Codex aus 220 damals noch leeren Pergamentblättern hat man 1460 bereit gestellt: Man traute der neu gegründeten Universität eine lange Zukunft zu. Mehr als 100 Jahre sollte es dauern, bis die Seiten gefüllt waren: ein Buch, an dem mehrere Generationen gearbeitet haben und in dem sich in einzigartiger Weise die Geschichte spiegelt. Etwa 150 Rektoren und über 8000 *studiosi* haben sich darin verewigt. Nicht alle davon waren bedeutende Intellektuelle; es finden sich auch manche Trittbrettfahrer und Karteileichen, Männer, die es für ratsam oder prestigeträchtig hielten, in diese Liste aufgenommen zu werden, erfolgreiche und weniger erfolgreiche Studenten.

Die beinahe sakrale Bedeutung des Buches für die Universität wird noch vor Beginn des eigentlichen Textes deutlich: auf der ersten Seite steht der Eid, den die Immatrikulierten schwören mussten, ein heiliger Eid auf das Evangelium. Deshalb stehen – pars pro toto – die ersten Worte von drei Evangelien unten mit auf der Seite. Es folg das *Praeconium studii Basiliensis*, ein humanistisches Lobgedicht, das Peter von Andlau der neu gegründeten Universität mit auf den Weg gab. Er preist darin die Vorzüge der Stadt Basel und ihre frühlingshafte Schönheit im April 1460. Auf der folgenden Doppelseite wird der Gründungsakt im Hochchor des Münsters beschrieben: links im Bild und rechts im Text, von der Hand des Notars Johannes Knebel. In der Mitte der Miniatur sitzt Fürstbischof Johannes von Venningen vor dem Hauptaltar, begleitet von zwei Assistenten, die ihm Bischofsstab und Barett halten; links kniet Dompropst Georg von Andlau, der zum ersten Rektor ernannt wird, während sich rechts Alt-Bürgermeister Hans von Flachsland naht, dem der Bischof die päpstliche Stiftungsurkunde zur Verwahrung übergibt. Diese drei Hauptprotagonisten sind unten nochmals in ihren jeweiligen Wappen präsent: das zentrale Wappen des Bischofs verbindet seine Familie mit dem Basler Stab als Symbol der Stadt, rechts davon die Stadt und klein dazu das persönliche Wappen von Flachslands, links von Andlau. Das Dreieck von Rektor, Bischof und Bürgermeister füllt nicht nur künstlerisch gekonnt die Szenerie, sondern drückt auch die Konstellation aus, in der die Universität gegründet worden war und in der sie sich in den kommenden Jahrzehnten zu bewegen hatte. Erst durch die Reformation geriet dieses Dreieck aus Universität, Kirche und Stadt aus dem Gleichgewicht – woraus die erste schwere Krise der Institution resultierte («Interregnum» in der Matrikel, fol. 162r).

Die Miniatur der Eröffnung dient zugleich der Vorstellung des ersten Rektors. Die folgenden Rektoren liessen sich zum Teil mit grossem Aufwand in der Matrikel in Szene setzen: oft mit ihrem persönlichen Wappen, mitunter mit anderen Bildern oder mit kürzeren oder längeren Textbeiträgen. Natürlich stimmt die wissenschaftliche und historische Bedeutung eines Rektors nicht immer mit dem Aufwand überein, mit dem er sein Rektorat der Nachwelt in Erinnerung hielt. Jedenfalls aber zeigt es, wie ernst er die Aufgabe nahm und wie wichtig ihm die sichtbare Einfügung in die *academic community* war. Zwischen diesen mehr oder minder kunstvollen Einträgen steht die eigentliche Liste der jeweils Eingeschriebenen. Man trug sich nicht selbst ein, sondern in jedem Rektorat sind die Einträge von einheitlicher Hand geschehen. Zum Namen wird jeweils die Herkunft vermerkt, bei Auswärtigen (bis zur Reformation) auch die Heimatdiözese sowie der Betrag, der an die Universität entrichtet wurde. Die Regel waren 6 Schilling, doch es gibt zahlreiche Ausnahmen: Funktionsträger zahlten nichts, hohe Herren zahlten mehr und manchen wurde aus sozialen Gründen die Gebühr ganz erlassen: «nichil, quia pauper». Einige Studenten sind berühmt geworden, und meist wurde ihr Matrikeleintrag dann von späterer Hand hervorgehoben.

M. W.

1.5. Freiheitsbrief

Basel, 28. Mai 1460
Staatsarchiv Basel-Stadt, Städt. Urk. 1676
Lit.: Vischer 1860, 293–304 (Edition); Bonjour 1960, 41–43; Sieber 1999 u. 2000.

Am 28. Mai 1460 hielten Stadt und Rat in einem «Freiheitsbrief» die Rechte und Privilegien der Basler Universitätsangehörigen fest. Dass seit der Gründungszeremonie fast zwei Monate verstrichen waren und mehrere Entwürfe erhalten sind, weist darauf hin, dass die als letztgültig verabschiedete Fassung das Resultat sorgfältiger Beratungen war. In enger Anlehnung an die Privilegien der Universität von Bologna, aber doch den eigenen Bedürfnissen angepasst, versuchte man die rechtliche Stellung der Universität als eigenständiger Korporation zu bestimmen.

Das auf Deutsch verfasste, feierliche Schreiben ist in einer schlichten Urkunde überliefert. Es nennt als Absender Bürgermeister Hans von Bärenfels und «die gancze gemeinde der statt Basel», welche entsprechend dem Willen Gottes und des Papstes die «frye hohe Schule» ins Leben gerufen hatten, auf das «der heilig Christen gloube gestercket» werden möge. Der häufig wiederkehrende Ausdruck «uns und alle unser nachkomen» drückt die Überzeugung der Stadt aus, eine Institution mit langfristigem Bestand begründet zu haben. Als solcher werden ihr besondere rechtliche Privilegien zugesprochen.

Allem voran sollen die Angehörigen der Universität mitsamt ihrer Dienerschaft und ihrem Besitztum, egal «welcherley landen, wirden, eren, adels, geschlechts oder wesens», freies und sicheres Geleit empfangen. Sie sollen seitens der Bevölkerung «weder an libe noch an gut» Schaden erleiden, nicht bedrängt, misshandelt oder beleidigt werden. «Tuch, win, korn, visch, fleisch, bücher oder anderes» für den täglichen Bedarf soll ihnen zu einem fairen, marktgerechten Preis verkauft werden. Sie sind zudem von jeglichen Steuern, Zöllen und Abgaben auf diese Artikel befreit. Zum Schutz vor Übervorteilung werden der Bevölkerung im Falle von Geldanleihen oder dem Vermieten von Wohnraum an die Akademiker strenge Auflagen gemacht. Die Stadt verpflichtet sich auch, künftig niemanden mehr «Artznie» treiben zu lassen – «frow oder man» – sollte dieser nicht zuvor von der medizinischen Fakultät überprüft und zugelassen worden sein. Die eigenen Gesetze und Regeln soll jede Fakultät – wenn auch mit «vorgeschribener Bescheidenheit» – eigenständig erlassen dürfen. Der Rat verspricht, die so entstandenen Statuten niemals ohne «wissen und willen» der Universität zu ändern.

Wie ernst dem Rat die erlassenen Bestimmungen sind, zeigen die Strafen, die dem Volk bei deren Missachtung angedroht werden. «Ohne genade» soll Missetätern eine hohe Busse auferlegt werden. Anders verhält es sich, wenn Universitätsangehörige unter Anklage stehen. Geschädigte Bürger müssen sich in diesem Fall direkt an den Rektor wenden. Denn ein weiteres im Freiheitsbrief festgehaltenes Privileg verspricht diesem die Rechtshoheit innerhalb der akademischen Körperschaft. Kein Mitglied der Universität darf ohne seine Einwilligung verhaftet werden. Der Rektor allein hat die Befugnis, den Beschuldigten zu strafen oder gegen eine Kaution freizulassen. Lässt er ihn in das städtische Gefängnis werfen, so darf er dort nicht misshandelt werden.

Angesichts der grossen Vorteile, die sich Universitätsangehörigen aufgrund der genannten Privilegien bieten, legt der Rat dem Rektor abschliessend nahe, darauf zu achten, dass sich niemand unter falschem Vorwand immatrikulieren lasse. Bei Unstimmigkeiten über die Auslegung des Freiheitsbriefes soll eine aus Rat und Universität zusammengesetzte Kommission Klarheit schaffen. Um das Bewusstsein der Privilegien im Volk künftig sicherzustellen, möge der Brief jährlich am Tag der allgemeinen Wahlen in Anwesenheit des Rektors vorgelesen und von den Volksvertretern beschworen werden.

Diese jährliche Lesung wurde zwar eingehalten und die Eigenständigkeit der Universität respektiert, doch blieben die beschriebenen Bestimmungen umstritten und wurden in den kommenden Jahrzehnten wiederholt vom Rat in Zweifel gezogen. Auch die vom Rektor verfasste Gegenerklärung (→ 1.6.) konnte das Misstrauen gegenüber dem Scholarenvolk nicht ganz zerstreuen.

S. St.

1.6. Concordata

Basel, 6. September 1460
Staatsarchiv Basel-Stadt, Städt. Urk. 1682
Lit.: Vischer 1860, 305–308 (Edition); Bonjour 1960a, 76–78 (Übersetzung); Sieber 1999 u. 2000.

Am 6. September 1460 – zwei Wochen, bevor der im Mai verfasste Freiheitsbrief (→ 1.5.) erstmals vor der Bürgerschaft verlesen und beschworen wurde – erliess Georg von Andlau als Rektor der Universität seinerseits eine öffentliche Erklärung. Sie ist in einer offiziellen lateinischen Urkunde erhalten (Abbildung), aber auch in einer deutschen Abschrift, bei welcher es sich womöglich um das Original handelt. In dem *Compacta* («zusammengefügt») oder *Concordata* («vereinbart») genannten Schreiben gelobte von Andlau einen verantwortungsvollen Umgang mit den der Universität gewährten rechtlichen und wirtschaftlichen Privilegien. Damit sollten Befürchtungen und Bedenken der Bürgerschaft zerstreut und die Bereitschaft der akademischen Körperschaft signalisiert werden, Zucht und Ordnung in den eigenen Reihen sicherzustellen. Missbräuche der Rechte und Freiheiten seitens der Universitätsangehörigen sollten vermieden, im Falle ihres Vorkommens aber mit dem Verlust der Privilegien bestraft werden.

Die vom Rektor festgehaltenen Bestimmungen liessen es nicht an konkreten Verpflichtungen und selbst auferlegten Beschränkungen missen. Kein Student sollte sich noch ohne redlichen Grund auf der Strasse aufhalten, nachdem die Kirchenglocken zum abendlichen Angelusgebet geläutet hatten, und selbst dann nur mit offenem Licht. Bürger durften nicht beschimpft und beleidigt, und keine Waffen getragen werden. Die Teilnahme an öffentlichen Tänzen war Akademikern nur auf besondere Einladung hin gestattet. Des Weiteren durften sie keinen Wein ausschenken, der nicht aus eigenem Anbau stammte, geschweige denn eine Schenke oder sonstigen unlauteren Handel betreiben. Öffentliche und private Würfel- oder Geldspiele waren streng untersagt, genauso wie offene oder heimliche Aktionen, die sich gegen die Stadtregierung richteten. Den Gliedern der Universität stand kein aufsässiges Verhalten an, sondern ein unauffälliges Leben innerhalb der Stadt, von deren grosszügig gewährten Privilegien sie profitierten. Basler Bürger, dafür gelobte der Rektor höchstpersönlich zu sorgen, sollten nicht von Universitätsangehörigen ausserhalb der Stadt vor Gericht gezogen werden. Überhaupt wollte er keine zweifelhaften, unwürdigen Personen zur Immatrikulation zulassen. Wer schon eingeschrieben war, musste seine Studien unter die besondere Aufsicht eines selbst auszuwählenden Dozenten stellen und dessen Vorlesungen und Übungen regelmässig besuchen.

In den Concordata bestätigte der Rektor, was sich im Freiheitsbrief bereits ankündigte – das Selbstbewusstsein der Universität als einer eigenständigen akademischen Körperschaft, deren Gerichtsbarkeit und Selbstregulierung sowohl von ihr selbst als auch von der Stadt anerkannt und durchgesetzt werden sollten. Das Ziel, mit der Erklärung die Bürger in ihren Ängsten zu beschwichtigen, wurde indes nur teilweise erreicht. Die getroffenen Vereinbarungen und die Selbstbeschränkung der Universität verhinderten nicht, dass es immer wieder zu Konflikten mit der Bevölkerung, ebenso wie mit dem Stadtrat kam. Gerichtsdokumente aus der Zeit malen ein Bild der Studenten, das der Realität wohl nicht immer gerecht wird, aber dennoch zeigt, wie die Stadt Basel ihre Gäste wahrnahm. Die Lebenslust konnte den Akademikern mit den ihnen auferlegten Ordnungen nicht genommen werden. Nächtliche Ruhestörungen in den Gassen wurden beklagt, Schlägereien, Tätlichkeiten, Diebstahl und Einbruch. Im Zentrum der Kritik sowohl der Bevölkerung als auch der Räte stand jedoch das Gerichtsprivileg, von welchem die häufig wechselnden Rektoren nicht immer in statthafter Weise Gebrauch machten. Der Wunsch, als Universität für auswärtige Studenten attraktiv zu bleiben, führte nicht selten zu unangemessener Milde der akademischen Justiz.

Trotz den Widerständen und dem schrittweise vorgenommenen Abbau der Privilegien während der folgenden Jahrzehnte berief man sich bis ins 19. Jahrhundert hinein auf Freiheitsbrief und Concordata, wenn es darum ging, die Befugnisse der Universität in eigenen Belangen einzuschränken oder zu verteidigen. Das Anliegen der Eigenständigkeit seitens der akademischen Körperschaft, aber auch die Vorbehalte seitens der Bürger blieben bestehen.

S. St.

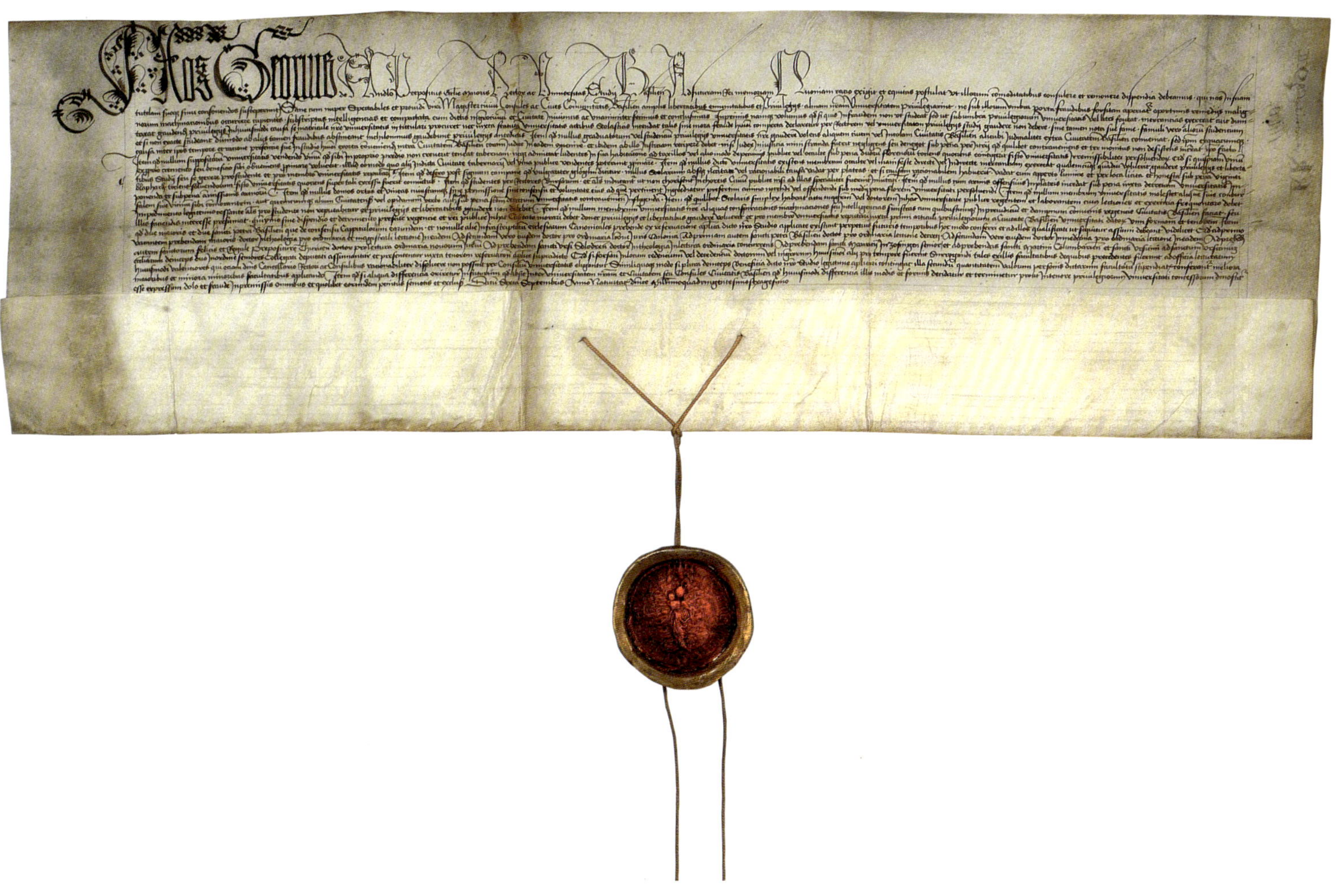

1.7. Szepter der Universität

Szepter: Andreas Überlinger, Basel 1461
Silberblech, teilweise vergoldet. Aufnahme Maurice Babey
Historisches Museum Basel, Inv. 1942.533
Lit.: Barth 1961; Wüthrich 1959; Egger 1992.

Die Universitätsszepter lassen sich aus der spätantiken Staatssymbolik, welche die mittelalterlichen Herrschaftszeichen prägte, herleiten. Um 900 war das Szepter Herrschersymbol. Die Universitätsszepter wurden für die akademische Welt aus der Sphäre der weltlichen Herrscher übernommen. Sie kamen offenbar im 13. Jahrhundert auf, werden aber erst im 14. Jahrhundert genauer fassbar und gehören bis heute zu den wichtigsten Insignien der europäischen Universitäten.

Im Jahre 1461, also nur ein Jahr nach der Eröffnung der Universität, schenkte der Basler Rat der neuen Schule ein Szepter. Es war während Jahrhunderten in Gebrauch, wurde 1939 durch eine Kopie ersetzt und gelangte 1942 als Leihgabe an das Historische Museum. Die Universität verwendet seither die Kopie.

Das Universitätsszepter ist Symbol für den hohen Rang der Wissenschaft und die der Universität und dem Rektor zukommende Ehre. Es war und ist Wahrzeichen der universitären Selbstverwaltung, Sinnbild der Gerichtsbarkeit und Disziplinargewalt, sichtbares Zeichen für die verfassungsmässige Wahrung von Recht und Ordnung. Das Szepter wird bei feierlichen Anlässen, denen der Rektor beiwohnt, vom Pedellen getragen. Er schreitet dem Rektor voran und kündigt die Magnifizenz an. Früher wurde das Szepter viel häufiger als heute verwendet. Jetzt wird die Szepterkopie nur noch am Dies Academicus verwendet.

Das Szepter besteht aus Silberblech. Knäufe, Schaftring, der grössere Blattkranz und der Granatapfel sind vergoldet. Es ist 93 Zentimeter lang und wiegt 817 Gramm. Viele Gebrauchsspuren und Reparaturen zeugen von intensiver und langer Verwendung.

Der hohe Rang der Universitätsszepter spiegelt sich in der Kostbarkeit des Materials – meistens vergoldetes Silber – und in der künstlerischen Ausgestaltung. Das Basler Universitätsszepter ist ein Tragszepter und wird aufrecht in der Hand getragen. Griff, Schaft und Bekrönung bilden den Aufbau. Sechs Doppelkannelüren ziehen sich spiralig gewunden um den verdickten Griff. Unten ist ein silberner Ring angebracht, der wohl zum Aufhängen des Szepters diente. Aus dem Griff wächst ein schlanker, sechskantiger Stab, der in der Mitte durch einen zierlichen Schaftring in zwei Hälften geteilt wird. Eine dünne Platte schliesst den Schaft oben ab. Noch vor 1650 brachte man unterhalb dieser Platte eine Plakette mit dem Baselstab an. Ein etwas schlankerer, sich nach oben verjüngender Sechskantstab trägt die Bekrönung. Ein Kranz von virtuos getriebenen Akanthusblättern legt sich um den Stab. Drei Stege halten die ausladenden Blätter. Darüber wiederholt sich das Motiv mit einem kleineren Blattkranz. Hier fallen die gerippten Blätter nicht nach unten, sondern wachsen aufwärts und bilden, einer halbgeöffneten Knospe gleich, einen Knauf. Die Blattenden sind noch eingerollt und unter einer Sechskantplatte verborgen. Fünf Kelchblätter tragen als bekrönenden Abschluss einen Granatapfel. Drei spitzovale Schlitze legen seine Fruchtkerne frei. Fünf Blättchen und ein gewulsteter Stift bilden den Abschluss. Der Granatapfel ist als Zierelement von Szeptern sehr selten und lässt sich neben dem Basler Szepter nur noch am Universitätsszepter von Wittenberg (jetzt in Halle) nachweisen, das um 1520 geschaffen wurde. Obwohl der Granatapfel in der mittelalterlichen Kunst als Symbol für Christus oder Maria gedeutet werden kann, fehlen am Basler Szepter doch weitere Elemente, die eine symbolische Deutung erlauben würden. Der Granatapfel ist hier ein reines Zierelement.

Der Schöpfer des Szepters wird in den zeitgenössischen Quellen als «Andresen goultschmid genannt von rotemberg» bezeichnet. Ulrich Barth legte 1960 überzeugend dar, dass es sich um Andreas Überlinger handeln muss, der 1461 als einziger Basler Goldschmied den Vornamen Andreas trug. Von ihm sind keine weiteren Werke bekannt. Andreas Überlinger verzichtete auf den damals üblichen Typus eines Universitätsszepters mit Figuren aus der Glaubenswelt und schuf stattdessen ein Szepter mit einem bezaubernden Reichtum an Zierelementen von zeitloser Schönheit.

F. E.

1.8. Siegelstempel

Lit.: Wüthrich 1959.

Siegel dienten der Beglaubigung von Schriftstücken. Die Universität als eigenständige juristische Person benötigte und verwendete von Anfang an eigene Siegel. Weil man Wert auf Rechtskontinuität legte, blieben viele Siegel während Jahrhunderten in Gebrauch. Die alten Siegelstempel gelangten 1973 als Leihgaben der Universität an das Historische Museum.

Stempel des grossen Universitätssiegels

1516, Silber. Aufnahme Maurice Babey
Historisches Museum Basel, Inv. 1973.218

Der Siegelstempel ersetzte einen älteren Stempel mit gleichem Motiv aus der Gründungszeit der Universität, wie ein Abdruck an einer Urkunde vom 6. September 1460 zeigt. Die Madonna im Strahlenkranz steht auf einer Mondsichel (Offenbarung des Johannes 12,1). In der rechten Hand hält sie ein Szepter, auf dem linken Arm sitzt das Jesuskind, das ein offenes Buch vor sich hinstreckt. Szepter, Krone, Strahlenkranz und Sternenmeer kennzeichnen Maria als Himmelskönigin. Das Motiv aus der Glaubenswelt weist auf die religiös-kirchliche Bindung der Universität hin, die wie alle mittelalterlichen Universitäten als Stätte der Heils-Lehre verstanden wurde. Das Basler Wappen zu Füssen Marias bekundet, dass die Stadt Basel oberste Gewaltinhaberin über die Universität war, der die Hochschule ihre Existenz verdankte und von der sie ihre Rechte ableitete. Das prachtvolle Siegel, das zu den schönsten Universitätssiegeln gehört, blieb auch nach der Reformation bis ans Ende des 20. Jahrhunderts in Gebrauch und zierte die meisten offiziellen Schriftstücke der Universität, bis es 1992 durch ein modernes Logo ersetzt wurde.

Stempel des alten Rektoratssiegels

Vor 1472, Silber. Aufnahme Peter Portner
Historisches Museum Basel, Inv. 1973.219

Der Stempel ersetzte eine ältere Petschaft mit gleichem Bild. Aus einer Wolke ragt, begleitet von Strahlen und Sternen, ein Arm herab. Die Hand hält ein offenes Buch mit angedeuteten Schriftzeichen. Darunter erscheint der Basler Wappenschild. Die Bedeutung des Siegelbildes ist nicht klar. Dass die Hand Gottes dargestellt ist, kann man kaum bezweifeln. Mit dem Buch ist vielleicht die Bibel oder das Buch der Wissenschaft oder das Buch des Lebens gemeint. Seit 1597 ist das Motiv des offenen Buches oft mit den Worten pie, iuste, sobrie, sapienter belegt. Damals interpretierte man das Buch wohl als geöffnete Matrikel, in der sich die vier alten Fakultäten vereinigten.

Alter Siegelstempel der Theologischen Fakultät

16. Jh., Silber. Aufnahme Peter Portner
Historisches Museum Basel, Inv. 1973.222

Das älteste Siegel der Theologen zeigte Synagoge und Ecclesia als Personifikationen des Alten und Neuen Testaments. Davon sind lediglich Abdrücke bekannt, der Siegelstempel ist verloren. Am Ende des 16. Jahrhunderts wurde eine neue Petschaft geschaffen. Das Hauptfeld ist ganz mit Schrift ausgefüllt und zitiert in Latein den Apostel Paulus: «Ein anderes Fundament als das, das gelegt ist, kann niemand legen, das ist Jesus Christus» (1. Korintherbrief 3,11). Zwischen den drei letzten Zeilen liegt das Basler Wappen.

Grosser Siegelstempel der Juristischen Fakultät

Ende 15. Jh., Silber. Aufnahme Maurice Babey
Historisches Museum Basel, Inv. 1973.224

Das Siegelbild zeigt zwei Personen. Schlüssel und Tiara kennzeichnen die rechte Figur als Papst. Er trägt in der einen Hand ein Buch, wohl die Bibel oder den Kodex des kanonischen Rechts, in der anderen die Schlüssel Petri. Dem Papst gegenüber steht der bärtige Kaiser mit Krone, Reichsapfel und Reichsschwert. Unten am Siegelrand erscheint das Basler Wappen. Papst und Kaiser verkörpern das geistliche und das weltliche Recht, die beiden grossen Zweige des mittelalterlichen Rechts. Auch nach der Reformation und der Loslösung der Eidgenossenschaft vom Deutschen Reich blieb dieser Siegelstempel mit der Darstellung von Papst und Kaiser in Gebrauch.

Alter Siegelstempel der Medizinischen Fakultät

Verm. 1460, Bronze. Aufnahme Peter Portner
Historisches Museum Basel, Inv. 1904.1222

Die Universität Basel war nach dem Vorbild der Universität Erfurt organisiert. Die Statuten beider Hochschulen stimmen teilweise wörtlich miteinander überein. Wie in Erfurt wählte man auch in Basel den Lukas-Stier (ohne den Evangelisten selbst) für das Siegelbild der Medizinischen Fakultät. Ein Stier mit Nimbus und Flügeln hält mit dem linken Vorderbein ein offenes Buch. Unten erscheint ein kleiner Schild mit dem Basler Wappen. Der Stier ist das Symbol für den Evangelisten Lukas. Weil Lukas Arzt gewesen sein soll, wurde der Stier auch zum Symbol der Ärzteschaft.

Siegelstempel des Dekanats der Artistenfakultät

1460, Silber, Aufnahme Maurice Babey
Historisches Museum Basel, Inv. 1973.228

In einem spätgotischen Gehäuse erscheint die hl. Katharina von Alexandrien mit drei Gelehrten. Nach der Legende soll die Patronin der Artisten, die selbst in den *artes liberales* (freien Künsten) erzogen worden war, mit ihrer Gelehrsamkeit und mit ihrem standhaften Glauben fünfzig heidnische Philosophen, hier auf drei reduziert, zum Christentum bekehrt haben. Wie bei den anderen Siegelstempeln weist auch hier das Basler Wappen auf die Oberhoheit der Stadt über die Universität hin.

F. E.

2. Stadt Basel

Vorbereitung und Trägerschaft durch Stadt und Räte

Lit.: Wurstisen 1580, Bd. 6; Vischer 1860; Thommen 1889; Labhardt 1939; Alioth 1980; Teuteberg 1986; Schüpbach 1996.

Zur Zeit der Gründung der Universität war Basel äusserlich geprägt durch die Mitgliedschaft im oberrheinischen Städtebund, die Nachbarschaft mit der Eidgenossenschaft, die strategische Handelslage (Rheinbrücke) und die Rolle als Bistumszentrum. Die Stadt hatte sich seit dem 13. Jahrhundert schrittweise selbständig gemacht und von der Herrschaft des Bischofs emanzipiert, der sie formell unterstand. Die Entfremdung äusserte sich auf bischöflicher Seite in der allmählichen Verlegung seiner Residenz in den Jura und von städtischer Seite im zunehmend eigenständigen Abschluss von Bündnissen. Während das Hochstift trotz beträchtlichem Grundbesitz in eine anhaltende finanzielle Notlage geriet, da ihm die Umstellung von der Natural- auf die Geldwirtschaft Mühe bereitete, konnte die Stadt durch den Erwerb von Ländereien und Herrschaftsrechten ihre Autonomie stetig vergrössern (Teuteberg 1986, 114). Gleichzeitig gelang es ihr, auch die politischen Ansprüche der Habsburger zurückzuweisen. Als letztere im Schwabenkrieg den Schweizern unterlagen, führte dies zu einer Annäherung Basels an die Eidgenossenschaft, der es am 13. Juli 1501 beitrat.

Die bischöflichen Herrschaftsrechte, die inhaltslos geworden waren, lebten teilweise bis ins 16. Jahrhundert in politischen und gesellschaftlichen Ritualen fort, etwa im jährlichen Gehorsamseid der Bürgerschaft oder in der grossen Prozession, die dem Tod eines Bischofs folgte. Erst 1521 wurde der letzte Schritt auf dem Weg zur Unabhängigkeit vollzogen. Der Rat sagte sich endgültig von der Hoheit des Bischofs los und regierte nunmehr auch formell.

Zusammengesetzt war der Rat aus vier Rittern, acht vermögenden nichtadligen Patriziern (Achtburger), 15 Ratsherren der Zünfte und den 15 Zunftmeistern. Bürgermeister und Oberstzunftmeister führten den Rat, ihnen zur Seite standen Stadtschreiber und Ratschreiber als Schaltzentralen der politischen Macht. Der Rat war in allen Gewalten befugt – er erliess Verordnungen (Mandate) und setzte sie um, er ernannte die Exponenten der Gerichte und sprach durch seine Ausschüsse selber Recht (Alioth 1980, 26–36, 70ff.).

Während die Erfahrungen der Stadt mit der Konzilsuniversität 1432–1440 und der Kurienuniversität 1440–1448 den Gründungsgedanken einer Hochschule massgeblich beeinflussten und der Buchdruck auswärtige Gelehrte anzog, ging auch von der eigenen Bevölkerung universitäres Gedankengut aus: Über die Kloster- und Ordensvorsteher, die Exponenten der geistlichen Ritterorden und deren Angehörige in den Adelgeschlechtern fanden diese Gedanken Nahrung im erstarkten städtischen Patriziat und bei führenden Zünftern (Vischer 1860, 1–12).

Als der ehemalige Konzilssekretär Piccolomini 1458 als Pius II. zum Papst erhoben wurde, sprach Alt-Bürgermeister Hans von Flachsland (→ 2.1.) im Sommer 1459 namens des Basler Rats persönlich bei ihm in Mantua vor. Schliesslich gelang es, eine Gründungsurkunde für die geplante Universität zu erwirken. Nach Empfang des Dokuments vom 12. November 1459 ging Basel an die Finanzierung, die betriebliche und infrastrukturelle Organisation der Hochschule. Wirtschaftlich wurde die Universität durch einige Pfründen von Pius II. (→ 2.4.) sowie zum grössten Teil durch den Rat getragen. Zur betrieblichen Organisation wurde der neue Ausschuss der Deputaten eingesetzt («deputates studii»), die als politische Aufsichtsbehörde der Stadt über die Universität amteten (→ 2.5.). Mit ihrem Einsitz in der Universitätsregenz übten sie von Beginn an ein machtvolles und begehrtes Ratsmandat aus (Alioth 1980, 78). Domiziliert wurde die Bildungsanstalt im ehemaligen Adelssitz der Schaler und des Oberstzunftmeisters Burckhardt Zibol am Rheinsprung. Der Rat liess das Gebäude für die Zwecke einer Lehranstalt umbauen, d.h., mit Aula, Bibliothek, Hörsälen und Wohnungen einrichten (1538 erhielt die Universität aus Platzgründen zusätzlich das säkularisierte Augustinerkloster an der gleichnamigen Gasse). Dies alles vollzog die Obrigkeit im beachtlichen Tempo von knapp fünf Monaten. Am 4. April 1460 wurde die Universität feierlich eröffnet.

Zwischen 1460 und 1500 immatrikulierten sich 3828 Studierende, Basler, Eidgenossen und zahlreiche Ausländer. Danach nahmen die Inskriptionen bis gegen die Reformation hin ab, aufgrund von Epidemien, Kriegszeiten und aufgrund neuer Universitäten in Basels bisherigen Einzugsgebieten.

Die Reformation führte zu einem Machtkampf zwischen der Universität und der politischen Führung. 1523 entzog der Rat vier Theologen die Besoldung, weil sie die Reformierten übermässig angegriffen hätten, und stellte mit Pellikan (→ 7.1.) und Oekolampad (→ 8.1.) zwei Theologen der neuen Glaubensrichtung an, in widerrechtlichem Eingriff in die Kompetenzen der Universität. Im Rat selber und in der Bürgerschaft neigte eine wachsende Mehrheit dem Protestantismus zu. Als es zum Umsturz kam, verliessen viele Professoren und Studenten die Stadt und gaben die Universität der städtischen Herrschaft preis. Am 1. Juni 1529 liess der Rat durch die Deputaten die Universität schliessen und ihre Insignien, Urkunden und Mittel konfiszieren. Allerdings war die Universität damit rechtlich nicht aufgehoben. Bis 1532 hielten sie sechs Professoren mit einzelnen Vorlesungen am Leben (Oekolampad, Phrygius, Grynaeus, Münster, Amerbach, Bär). Am 1. November eröffnete Rektor Oswald Bär die Universität wieder. 1539 erhielt sie definitive Statuten als staatliche Bildungsanstalt (→ 8.5.). Im 1460 gegründeten Institut waren Regenz und Rat gleichberechtigte Partner vor der päpstlichen Stifter- und Kanzlergewalt gewesen – seit 1532 war die Universität ein dem Staat unterstellter Bildungskörper (Thommen 1889, 4–15).

Trotz des Privilegienverlusts wehrte sich die Universität Basel bis zur Einführung der reformierten Orthodoxie im Jahr 1585 wiederholt erfolgreich für ihre vorreformatorischen Rechte und Gesinnungen, allen voran der berühmte Bonifacius Amerbach. Dem begegnete der Basler Rat in pragmatischer Machterhaltung. Zum Beispiel berief er Amerbach, später dessen Sohn und ebenfalls Rektor Basilius, zu «Stadtconsulenten». Als solche berieten die Juristen den Dreizehnerrat, die innere politische Führungselite, rechtlich. So waren sie in die wichtigsten Machtprozesse eingebunden und konnten ihr Wissen und ihre Beziehungen daraus wiederum für ihre Universität einsetzen (Schüpbach 1996, 1–18).

S. Sch.

Basler Rheinansicht von Westen aus,
Federzeichnung koloriert, aquarelliert, auf Papier (~1520/30).
(Historisches Museum Basel, Foto: A. Eaton)

2.1. Eine Lebensgeschichte: Hans von Flachsland

* 1412, † 1476

Lit.: Ochs 1786–1832, Bd. 4; Schönberg 1879; Rapp/Stucki 1989; Wackernagel 1951–1956; Hartmann/Jenny 1942–1991.

Der adlige Junker Hans von Flachsland der Jüngere wurde 1412 geboren und starb 1476 auf Rötteln. Seine Eltern waren der bischöfliche Erzkämmerer auf Landskron, Hans von Flachsland der Ältere (†1443) und Anna Marschalk. Über ihr Dienstadelsgeschlecht kamen die bischöflichen Lehen der Städte Delsberg und Pruntrut und des Ortes Zwingen zu den von Flachsland. Hans der Jüngere heiratete in erster Ehe Susanna († nach 1464), die Tochter von Henman Tribock, in zweiter Ehe Barbara von Breitenlandberg (†1487) aus dem einflussreichen Ministerialgeschlecht, mit der er den Sohn Hans III. von Flachsland hatte. Von dieser zweiten Eheschliessung ist der Hochzeitsteppich aus einer Basler Wirkerei für seine Gemahlin von 1468 erhalten, der sogenannte «Flachsland-Teppich». Hans' einflussreicher Bruder Hans Wernher, Lehensherr zu Delsberg, war Domprobst in Basel und Mainz, später päpstlicher Kämmerer (Staatsarchiv Basel-Stadt, Privat-Archive 82, L3, 2; Hartmann/Jenny 1942–1991, Bd. 6, 71f.; Rapp/Stucki 1989, 19f.). Hans' Schwager Hermann von Breitenlandberg wurde Bischof von Konstanz, der Schwager Kaspar von Breitenlandberg wurde Abt des Klosters St. Gallen. Von Flachsland bekleidete vor 1444 diverse Ämter ausserhalb Basels in den weitverzweigten Besitztümern und Lehen der Familie. So amtete er als Meier zu Biel und versah von der Landskron aus die kaiserliche Lehensherrschaft über Laufenburg und Brunnen bei Sulz bis 1445, als er den Familiensitz an Freiherrn Rudolf von Ramstein verkaufte. Ebenso besass er das Schloss Dürmenach bei Pfirt im Elsass und bewohnte es zeitweilig (Basler Chroniken, Bd. 4, 68–77, 186; Bd. 5, 241).

Hans von Flachsland erlangte 1444 die Basler Bürgerschaft. Von 1451 bis 1454 sass er als einer der vier Ratsherren der Ritter im Basler Rat. Seinen Ritterschlag erhielt er 1452 anlässlich seiner Gesandtschaft als Begleiter von Friedrich III. zu dessen Kaiserkrönung in Rom. Er amtete 1452/53 als Siebnerherr (Finanzwesen). Von 1454 bis 1563 war er jährlich alternierend Bürgermeister und Alt-Bürgermeister. In seine Zeit als führender Basler Politiker fallen zahlreiche Gesandtschaften für den Rat: Hans von Flachsland vermittelte erfolgreich in oberrheinischen, speziell elsässisch-baslerischen Konflikten, war umsichtiger Diplomat in eidgenössischen Angelegenheiten und wurde mit heiklen kaiserlichen und päpstlichen Mandaten betraut. Bei letzteren wusste er seinen Bruder Hans Wernher stets als verlässlichen, mächtigen Fürsprecher seiner und Basels Angelegenheiten hinter sich. Es war seitens Rat und Bürgerschaft Basels wesentlich den Gesandtschaften und der persönlichen Einflussnahme von Hans von Flachsland (und seines Bruders) von 1458 bis 1460 beim neu gewählten Papst Pius II. zu verdanken, dass die Universität errichtet werden konnte (→ 2.3.). Dieser Erfolg bildete mit der Gründungsfeier der Universität Basel vom 4. April 1460 auch den glanzvollen Höhepunkt der Basler Karriere von Hans von Flachsland: Als Alt-Bürgermeister empfing er von Bischof Johannes von Venningen die päpstliche Stiftungsurkunde (→ 1.3.; Schönberg 1879, 514ff.; Rapp/Stucki 1989, 19ff.). Drei Nachkommen der Flachsland-Familie immatrikulierten sich an der Universität: Konrad 1485/86, Hartmann 1495/96 und Jakob 1498/99 (Wackernagel 1951–1956, Bd. 1, 188, 240, 254).

1563 gab Hans von Flachsland sein Bürgermeisteramt in Basel auf, da es ihm nicht gelungen war, die Herrschaft Rheinfelden als Pfand für eine Schuld Österreichs der Basler Herrschaft einzuverleiben (Ochs 1786–1832, Bd. 4, 134–137). Von 1463–1476 residierte er als markgräflicher Landvogt und Rat des Markgrafen Rudolf von Hochberg zu Baden auf Rötteln. Seiner Stadt blieb er jedoch verbunden. So eilte er ihr 1468 mit einem stattlichen Aufgebot an Kriegsleuten zu Hilfe, als Basel von eidgenössischen Heerscharen auf dem Rückmarsch vom Mülhauserkrieg bedrängt wurde. Im selben Jahr wurde Kaiser Friedrich III. in Basel feierlich empfangen. Hans von Flachsland kam die hohe Ehre eines der vier auserwählten Baldachinreiter des Kaisers zu (Basler Chroniken, Bd. 4, 76f., Rapp/Stucki 1989, 20f.). Der schwerreiche Hans von Flachsland zählt zu den politisch, gesellschaftlich und diplomatisch wichtigsten Politikern Basels im 15. Jahrhundert.

S. Sch.

2.2. Die Stadt Basel in Schedels Weltchronik

Buch der Chroniken und Geschichten ..., Nürnberg 1493 (Hain 14510)
Universitätsbibliothek Basel, EA I 12, hier fol. 243v–244r
Lit.: Füssel 2001, 660 f.; Tebel 2005.

Die Weltchronik des Nürnberger Arztes Hartmann Schedel (1440–1514) gilt als Glanzstück der frühen Buchdruckerkunst. Mit Recht: Nach gelehrtem Inhalt, künstlerischer Ausstattung und buchtechnischer Gestaltung erreicht der prächtige Foliant ein vorher nicht gekanntes Niveau. Das Werk bezeichnet sich selbst als «Buch der Chroniken und Geschichten», doch ist es viel mehr als eine Chronik, jedenfalls im modernen Sinne des Wortes. Das Buch schildert alle Zeit dieser Welt – von der Schöpfung bis zum Jüngsten Gericht – und versucht in diesen chronikalen Rahmen alles Wissen dieser Welt zu integrieren. Man könnte es daher auch als eine Enzyklopädie des 15. Jahrhunderts bezeichnen. Dabei geht es nicht nur um die Zeit, also die Geschichte, sondern auch um den Raum der Ereignisse, also Geographie. Berühmt sind die zahlreichen Landkarten und Stadtansichten, für deren Erstellung Schedel keinen Aufwand gescheut hat. In einer zeitgenössischen Buchhändleranzeige heisst es: «Wenn du es liest, wird es dich, wie ich dir versprechen darf, derart fesseln, dass du die Abfolge aller Zeiten nicht zu lesen sondern leibhaftig zu schauen glaubst. Sehen wirst du nicht nur die Bilder der Kaiser und Päpste, Philosophen, Dichter und anderer berühmter Männer ..., sondern auch die Lage der berühmtesten Städte und Gegenden ganz Europas, ihren Anfang, ihre Blüte und ihren weiteren Zustand» (zitiert nach Tebel 2005, 109).

Das Werk umfasst insgesamt 1804 Bilder, die als Holzschnitte in den Bleidruck eingefügt wurden; in vielen Exemplaren wurden sie nachträglich koloriert. Freilich täuscht die hohe Zahl etwas, denn aus ökonomischen (auch arbeitsökonomischen) Gründen wurden viele Bilder mehrfach verwendet – zumal man bei Erzvätern und biblischen Gestalten, doch auch bei vielen Königen und Kaisern ohnehin nicht wissen konnte, wie sie aussahen. Selbst Stadtansichten wurden kopiert: Mainz, Neapel, Aquileia, Lyon und Heraklion sehen gleich aus (Füssel 2001, 27–29). Immerhin die knappe Hälfte der insgesamt 76 abgebildeten Städte sind spezifische und authentische Darstellungen. Dazu gehört auch das berühmte Bild von Basel, das von guter Vertrautheit mit den örtlichen Verhältnissen zeugt. Man kann die wichtigsten Monumente der Stadt genau erkennen, vor allem ihre zahlreichen Kirchen: das Münster, St. Leonhard, St. Peter, um nur die wichtigsten zu nennen, die am Horizont zu erkennen sind. Auch die Stadttore sind gut zu sehen: Vom St. Albantor bis zum St. Johannstor ist die Stadt eng eingezwängt – enger, als sie es in der Wirklichkeit war. Links im Hintergrund sieht man sogar, dass der Rhein aus den hohen Bergen kommt. Er «entspriengt in dem gepirg», wie es über dem Bild im Text heisst, und «fleußt schier mitten durch dise Statt».

Ohnehin fällt auf, dass gerade im Fall von Basel der Text-Bild-Bezug sehr eng ist. Der Betrachter der aufgeschlagenen Seite kann direkt oben im Text die Beschreibung der unten abgebildeten Stadt lesen. In dem chronologischen Gesamtaufriss ist die Darstellung Basels mit dem Konzil verknüpft, befindet sich also recht weit hinten im Werk – im sechsten von sechs Weltaltern. Das ist verständlich, denn das Konzil war ja tatsächlich das weltgeschichtlich wichtigste Ereignis in Basel (→ 6.), und es lag für den Verfasser noch nicht weit zurück; beinahe war es noch Zeitgeschichte. Auf der vorausgehenden Seite ist das Konzil dargestellt – auch bildlich (s. Abb. auf S. 88), doch viel hat der Künstler davon nicht gewusst: Es ist ein Standardholzschnitt, der auch für andere Konzilien Verwendung findet. Der Bericht schliesst mit dem lapidaren Satz: «Diss concili het einen schoenen anfang aber einen ublen außgang von nachfolgender zwayung wegen.» Das hindert aber nicht, dass auf der folgenden Doppelseite mit Bild und Text das Lob der Stadt in den höchsten Tönen gesungen wird. Historisch folgt auf das Konzil die Universitätsgründung, und so lesen wir auf der linken Seite direkt über dem Text, dass «zu unßern zeitten daselbst ein hohe schůl auffgericht» wurde.

M. W.

Das sechst alter

BAsel ist ein weyte vnd fast namhaftige statt schweytzerlands an eim königclichen ende erpawt. dañ so dise statt lateinisch genennt wirdt so ist es nach art des kriechischen gezüngs souil als königclich gesprochen Oder aber dise statt hat iren namen von dem mangel der grundfeste auß vrsachen der vilfeltigen erdpidē. vnd auß bedeütnus des lateinischen namens diser statt. wiewol man in der gemainde sagt. das ettwen ein Basilisck alda verborgen gelegen sey von dannen her diser statt ir namen entstannden vnd bliben sey. Der Rhein fleüßt schier mitten durch dise statt. Doch ist darüber ein prugk vō einem teyl zu dem andern. Derselb fluss des rheins entspriengt in dem gepirg vnnd wirdt durch mancherlay anstöße zwischen gehen scharpffen felsen also eingezwengt das er einen erschrecklichen saws vō ime gibt. Sunderlich fleüßt er bey Schafhawsen mit großer vngestümigkeit vberwaltzende. vnd vnder dem stettlein Lauffenberg wirdt er mit felsen also eingedrenngt das er vor zwancksale vnd gestöße als ein weisser schaym erscheint. Von dannen rynnet er grawsamlich schaymende in weytem schlund bis gein Basel. dieselben statt vnd prugk heymlich beschedigende. dañ er flößet die gestadt hin. sucht newe genng. hölert das ertreich vnd füllet es dañ mit wind vnd wasser. Daher kömbts das dise stat mermals mit erdpidem beschedigt worden ist. Dise statt hat von dem Rhein darauff man daselbsthin. vnd vō dannen in schiffen vil güetere füeret große nutzperkeit. Sant Vrsula die heillige iunckfraw hat auch (als die hystorien sagen) mit iren weggeferten von Cölne auff dem Rhein gein Basel auffgeschiffet. vñ wiewol der Rhein den die dabey wonen zuzeiten vil schadens zufüegt so gibt er inen doch einen fruchtpern erdpodem. Diser statt ist in vnßern zeiten mit zygelstaynin mewrn. fast schönen behawsungen. großen clöstern vnd kirchen. mit weytē spitalen vnd andern einer statt nottürftigen dingen mit großem vmbkrays vnd zynnen vnd mit tieffen greben geziert vnd befestigt vnd hat zwischen den peergen ein weyte feldung. an getrayd vnnd gütem wein fast fruchtper. Aber wiwol in diser löblichen vnd alten statt vil anzaigung vnd vberbleibung ser alter gepew erscheinen so sind doch dieselben auß pawfelligkeit vnd erdpidem. auch auß alter also entstelt das man nicht erkennen kan was gestaltnus vnd zu welchem geprauch die dieselben gepewe gemacht gewesen seyen. Aber dise statt ist wunderlich geauffet vnd nach dem erdpidem widder erpawt. vnnd zu vnßern zeitten daselbst ein hohe schül auffgericht. Dise statt ligt im Elßas ettwen Sweitz genant ettwen in galliaz yetzo in teütsche land gehörēde. Als Ludwig der Viennisch delphin die vō Basel schier mit aller Gallischē ritterschaft vberfiele do schicktē die schweitzer ire aydgenossen .iiij^m^. woltüchtiger mañ zu hilff. dauon hernach weyter meldūg beschiht. Dise statt hat zwu seyten. In der größern seyten sind drey berg. auff dem einen ist die bischoflich kirch. der heilligen iunckfrawē marie thumstift mit hilff des seligen kaiser Heinrichs des andern gezieret. Auff dem andern wonē die geregeltē chorherrñ zu sannt Leonhart. Auff dem dritten ligt sant Peters kirch. Das erst closter mit der ebbtey zu sannt alban ligt an der spitz diser stat. In diser seyten haben auch die parfüßer augustiner vnd prediger brüed ire clöster. vnd die creützherrñ vñ teütschen herrñ ire hewßer. auch die closter frawe zu sant Katherinē. zu sant Clarē. vnd zu sant Mariā magdalenen ire clöster. Aber in der klainen seyten ist ein fast treffenlichs cartheüßer closter vnd sant Theodora vnd sant Niclasen kirch vnd andere gotzheüßer. In diser statt ist auch nicht wenig heyligthumbs.

FRiderichen den hertzogen zu österreich darnach römischen kaiser het amedeus der hertzog von sophoy. der in dem concili zu Basel babst erkorn vnd Felix genant wardt sein tochter (die ein iunge wittib vnd schön was) zu der ee angetragen. vnd ime zu ir zwaymal hunderttawsent guldein zu heyrat zegeben angepottē. weñ er ine einen nachkomen sant Peters nennet vnd Eugenium verließe. Des entsetzet sich Friderich. dann er wolt mit seinem sacrament die sacrament der kirchen nicht beflecken vnd keret sich zu seim hofgesind vnd sprach. Die andern pflegen ire bischofliche wirdigkeit zeuerkawffen so wolt diser amedeus gern kawffen weñ er nür einen verkawffer fünde.

LEonellus estensis marggraff zu Ferraria der erstgeporn auß Stella der edeln iungēfrawen vneelich geporn hat nach Nicolao seinem vater zu Mayland gestorben das marggraffthumb empfangen vnd .ix. iar in frid vnd gerechtigkeit geregirt. vnd die statt Ferrariam mit newen mawren gegen dem fluss Padi einzefahē angefengt vnd vil hoher gepew. vnd ein closter sant Dominicus ordens auffgericht. vnd dariñ sein begrebnus erwelt Diser was ein holdselig. güetig. klüg vnd mylt man. vnd güter schrifften wolgelert. vnnd het Johannis francisci gonzage von Mantua tochter zu der ee.

der werlt — Blat CCXLIIII

2.3. Instruktionen des Rates für die päpstliche Audienz

Basel, Handschrift Künlins, November 1459
Staatsarchiv Basel-Stadt, Erziehung X 1.1, fol. 17
Lit.: Vischer 1860; Bonjour 1960 u. 1960a, 73–76 (Edition).

Die wohlwollende Haltung des Papstes gegenüber einer Universität in Basel und seine mündliche Bewilligung ihrer Errichtung reichten dem Rat nicht aus. Der Unterhalt einer Hochschule, so waren sich Gelehrte und Vertreter der Bürgerschaft einig, konnte von der Stadt allein nicht getragen werden. Auf wessen Hilfe sollte aber zurückgegriffen werden, wenn nicht auf die derjenigen Institution, die seit jeher das Monopol der Bildung für sich beanspruchte? Alt-Bürgermeister Hans von Flachsland (→ 2.1.), der im November 1459 im Auftrag des Rates erneut beim päpstlichen Hof vorsprach, wurde mit entsprechenden Anweisungen versehen. Er sollte die Vertreter der Kirche respektvoll, aber beherzt in die Pflicht nehmen. Die abgebildeten Instruktionen wurden ursprünglich von Stadtschreiber Konrad Künlin verfasst, jedoch von unbekannter Hand kopiert und um einen Abschnitt gekürzt. Ihnen beigelegt war ein Verzeichnis in lateinischer Sprache, das konkrete Vorschläge für die Zuweisung kirchlicher Pfründen an die Universität enthält (ein vollständiger Abdruck der Liste findet sich bei Vischer 1860, 21f.). Es umfasst zwanzig Pfründen mit Jahreserträgen von über 1600 Gulden – ein ansehnlicher Betrag, beliefen sich doch die von den konsultierten Gelehrten eingeschätzten Auslagen für die Universität je nach Gutachten auf 600 bis 3000 Gulden (Bonjour 1960, 26).

Der Rat rüstete Hans von Flachsland für seine Audienz indes nicht nur mit einem Katalog von Forderungen aus, sondern auch mit schlagkräftigen Argumenten, wie diese zu begründen seien. Allem voran sollte der Heilige Stuhl zur Kenntnis nehmen, dass die Stadt nach den «schweren kriegen» schlicht nicht in der Lage sei, für die Kosten einer Universität aufzukommen. Der Papst selbst erinnere sich wohl aus seiner Zeit am Konzil an die schwierigen Verhältnisse. Des Weiteren gelte es zu bedenken, dass nebst anderen auch die Hochschulen zu Heidelberg, Erfurt und Köln von kirchlichen Pfründen profitierten – zu Recht, denn es handle sich zu einem grossen Teil um «eyn geistlich sache», die «geistlichem stat nucz und trostlich» sei. Der Papst dürfe mit seiner Unterstützung auf «ewiger lone von got» und «der welt ewig lop und loblich gedechtnusse» zählen.

Nach Darlegung der Argumente befassen sich die Instruktionen mit den konkreten Anliegen des Rates. Sobald die aufgelisteten Pfründen von ihren bisherigen Nutzniessern «ledig» seien, möge ihr Ertrag vollständig und ohne Abzug allfälliger Gebühren und Steuern der Universität zufallen. Bei Widerstand seitens des päpstlichen Hofes sollte Flachsland daran erinnern, dass seine Heiligkeit «die sache umb gotes ere und der cristenheit nutze z meren» bereits wohlwollend begutachtet habe. Wiederum verzichtete man nicht auf einen Hinweis auf das Konzil, dessen Väter «dick und vil gerett» hätten von der wunderbaren Lage Basels, dem guten Klima und der üppigen Kost. Zuletzt sollte deutlich gemacht werden, dass die Stadt wohl vorhatte, die beantragte Universität zu errichten – doch nur unter der Bedingung, dass «sin heilikeit die phrunden alle oder so vil uch werden megen, der schule incorporeren wolle». Ein klarer Appell, von dem sich der päpstliche Hof indes nur mässig beeindruckt zeigte. Weniger als die Hälfte der vorgeschlagenen Pfründen wurden der Universität tatsächlich zugewiesen. Wie sich herausstellen sollte, hatte der Rat selbst bei diesen grösste Mühe, seinen Anspruch auf ihre Erträge durchzusetzen.

S. St.

Eyn gedechtnisse der sachen vor dem Babst vnd hertzog Sigmunden etc. vßzetragen

Item Ir sollent vff den Credentzbrieff vnserm heiligen vatter dem Babst ernstlichen danck sagen der gnaden so sin heilikeit der Statt Basel bewiset hat vnd siner heilikeit eyn Statt erbieten zu siner heilikeit geuallen

Item furer an sin heilikeit zebringen wie eyn Statt geneygt sye gott vor abe ouch siner heilikeit zu eren / den sachen der schule halb nach zegande Aber nach dem das one merglichen schweren kosten nit moge zu gan / den selben kosten die Statt fur sich selbs nit vermoge nach dem die Statt in vergangenen ziten merglichen großen kosten gehept hat der schweren kriegen vnd louffen halb Als das siner heilikeit selbs wol moge wissende sin Als sin heilikeit by zyt des heiligen Concilium das dick vnd vil vernomen habe Darumbe so bitte ein Statt sin heilikeit mit aller demut die wile er so vil gnade vnd gunstikeit vor der Statt bewiset hat / dz denn sin heilikeit noch furer so gnedig sin vnd ettlich phrunden als die in der supplication bestympt sind zu vffenthaltunge vnd beharrunge solicher Schule reseruern Incorporeren vnd zueygenen wolle Als ouch desglich der Schule zu heidelberg zu Erffurt ze koln vnd an andern enden vormals von Bebstlichem gewalt ouch bescheen ist / Denn doch dise sache den merer teile ein geistliche sache vnd geistlichem stat nutz vnd trostlich ist Siner heilikeit ouch da durch ewiger lone von gott vnd der welt ewig lop vnd loblich gedechtnisse volgen mag

Item die gestellten supplication darvber sollent Ir laßen vbersehen vnd sye es notturfftig die laßen beßeren oder anders machen / die sachen zem besten ze begriffen vmb dz hernach so es ze schulden keme nit Irrunge darin vallen moge Vnd besunder dz es daruff gesetzt werde dz die nechsten phrunden so also in den angegebenen Stifften ledig werdent es sye in Babst moneten oder der anderen geordeneten lehenherren moneten dz die in krafft solicher vereynunge vnd zufugunge ze stund mit Iren nutzen der schule zufallen vnd weder Bebstlich gratien reseruation noch lihunge vnd ouch dhein ander lihunge da wider bescheen noch togenlich sin solle Sunder dz solich erste gefallenen ledige phrunden yetz angands vß aller lihunge der lehen herren genomen gesundert vnd der Schule also zugeeygenet werden mit aller gewarsamy dazu notturfftig

Item die phrunden vnd was nutzen die zu gemeinen jaren tragen mogent stand da hinden verzeichnet in latin Ob der Babst begert zo horen was sy alle in eyner Sum Jerlich tun mochtent dz Ir das by eyner billiche wustent

17

2.4. Letzte Bulle von Papst Pius II. zum finanziellen Beistand

Urkunde vom 31. Dezember 1459
Staatsarchiv Basel-Stadt, Städt. Urk. 1669
Lit.: Vischer 1860, 29–31 u. 271–281 (Edition).

Mit drei kurz aufeinander folgenden Bullen entsprach Papst Pius II. (→ 6.1.) zum Jahresende 1459 dem Wunsch der Basler nach weiteren Pfründen zur Finanzierung der Hohen Schule und nach verbindlichen Regeln zu deren Gebrauch. Die erste Bulle vom Stephanstag wies der Universität Kanonikate in Zürich, Zofingen, Colmar und St. Ursanne zu mit jährlichen Einkommen von 290 Gulden. Sie sprach dem Kanzler und Rektor das Recht zu, frei werdende Pfründen neu zu besetzen, und erklärte Dozierende und Studierende zu den einzig rechtmässigen Nutzniessern. Der päpstliche Stuhl verzichtete auf alle ihm üblicherweise zustehenden Rechte und beauftragte die Pröbste von St. Leonhard und St. Peter sowie den Domdekan in Basel mit der Durchführung seiner Anweisungen. Die zweite Bulle vom 31. Dezember präzisierte die Stellung der zukünftigen Inhaber von Pfründen, indem sie diese ausdrücklich von der Residenzpflicht entband, sofern sie in Basel lebten oder studierten. Die örtliche Seelsorge könne von Vikaren besorgt werden. Am selben Tag folgte mit der abschliessenden, hier abgebildeten dritten Bulle die Anweisung, man möge die Aufsicht über die zuvor gewährten Rechte dem Abt des Klosters Himmelspforte in der Konstanzer Diözese, dem Domdekan in Basel und dem Dekan von St. Peter in Strassburg übertragen.

Mit den drei Bullen bestätigte der päpstliche Stuhl seine finanzielle Unterstützung der Universität und trug zur weiteren Klärung der rechtlichen Verhältnisse der ihr zugewiesenen Pfründen bei. Die Umsetzung, obwohl in die Hände bewährter Persönlichkeiten gelegt, gestaltete sich indes schwierig. Zu einem Pfrundvermögen, das auf Lebenszeit verliehen wurde, gehörten nicht nur Grundstücke mit den entsprechenden Nutzungsrechten, sondern auch Einkünfte in Form von Geld und Naturalien. Während das Privileg solcher fester Erträge ursprünglich eng an ein kirchliches Amt gebunden war, traten die Pflichten im Hoch- und Spätmittelalter gegenüber den Rechten zunehmend in den Hintergrund. Durch Inkorporationen, wie sie von Papst Pius II. für die Universität vorgenommen wurden, konnten auch Institutionen von Pfründen profitieren. Solche Regelungen stiessen indes vermehrt auf Widerstand seitens der ansässigen Bevölkerung und deren Behörden, die sich um die ihr kirchenrechtlich zustehenden Leistungen der Pfründen in Form von Sakramentserteilung und Verkündigung betrogen sahen. Eine Vertretung durch oft unerfahrene Vikare konnte die Betroffenen kaum befriedigen, die auf mehr Autonomie und Mitspracherecht hinwirkten.

So handelte es sich auch bei den der Universität zugewiesenen Pfründen einerseits um wertvolle Vermögensanlagen, die erst nach Ableben der derzeitigen Inhaber für eine Neubesetzung zur Verfügung standen und auch dann von den lokalen Behörden nur ungern abgetreten wurden. Andererseits wehrte sich der ansässige Klerus gegen eine «Fremdnutzung», bedeutete sie doch angesichts der zugesprochenen Privilegien, dass sich der Inhaber fernab seiner Güter weder um die Bedürfnisse der Bevölkerung kümmern wollte, noch konnte. Indes leisteten nicht nur die auswärtigen Pfründen Widerstand. Das Basler Petersstift versuchte seine Autonomie zu bewahren, indem es der Universität regelmässige Beiträge zusprach und Personal sowie Räumlichkeiten zur Verfügung stellte. Erst mit der Reformation, als der Rat das Kirchenwesen unter seine Aufsicht stellte, wurde das Petersstift ganz der Universität unterstellt. Ähnliche Kompromisslösungen fanden sich mit anderen Inhabern von Pfründen, die keine akademischen Pflichten wahrnehmen konnten oder wollten. Entweder die Behörden zahlten die Inhaber aus und verfügten daraufhin über die Pfründen, oder die Inhaber kauften sich ihrerseits von ihren Verpflichtungen los und verschafften den Behörden dafür frei verfügbare Geldmittel.

S. St.

2.5. Begründung des Deputatenamts

Staatsarchiv Basel-Stadt, Öffnungsbuch III, fol. 105v u. 113r
Lit.: Vischer 1860, 46–48; Bonjour 1960a, 79f. (Edition); Sieber 1999.

Die unscheinbaren Einträge in den Protokollen des Basler Rates, von denen der zweite mit dem Titel «Der schule deputaten gewalt» versehen ist, stammen vom 28. September 1460 («fritag vor Michaelis») resp. 7. Januar 1461 («mittwoch nach dem zwolfften tage anno LXI») und tragen die Handschrift des Stadtschreibers Konrad Künlin. Die wenigen Zeilen bezeugen die Einrichtung einer Behörde, durch die der Rat nicht nur eine enge Verbindung zu «seiner» Universität schuf, sondern auch seine dauerhafte Einflussnahme auf deren Belangen sicherte. Es handelte sich bei den «Deputaten» um eine aus der Mitte des Magistrats zusammengestellte Kommission, die für alle Angelegenheiten der Akademie verantwortlich zeichnete. Schon vor der Universitätsgründung war eine Gruppe eingesetzt worden, die den Aufbau einer Hochschule vorberaten und entsprechende Empfehlungen abgeben sollte. Aus eben dieser Gruppe ging nach Eröffnung des Lehrbetriebs das neue Gremium hervor, dessen Rechte und Pflichten mit den vorliegenden Protokollen schriftlich fixiert wurden. Ein direktes Vorbild der Institution bei den Universitäten, deren Statuten den Baslern als Vorlage und Inspiration dienten, scheint es nicht gegeben zu haben. Einzig die Erfurter Hochschule weist sogenannte «Elektoren» des Rektors auf, zu denen nebst den Fakultätsvertretern «quintum de commune» zählen.

Während die ursprüngliche Kommission noch sieben Mitglieder aufwies, beschränkte der Rat die Anzahl der Deputaten auf vier Personen. Als fünfter Teilnehmer war der Stadtschreiber zugelassen. Nicht nur die Vollmachten, die der Gruppe übertragen wurden, sondern auch die Namen ihrer Mitglieder lassen ein prestigeträchtiges und einflussreiches Amt vermuten. Meist befindet sich ein Ritter unter ihnen, in der anfänglichen Zusammensetzung Peter Roth. Ihm zur Seite gestellt wurden die Herren Heinrich Iselin, Hans Zscheckenbürlin und Heinrich Schlierbach – prominente Persönlichkeiten der Basler Bürgerschaft. Gemeinsam sollten sie die universitären Geschäfte autonom verrichten und «nit in die rete wider ze bringen; es were denn, daz sy etwas treffenlicher sachen ankeme, da sy selbs beduncken wolt, die an eynen rate ze bringen». Es war ihnen also anheim gestellt, ob eine Angelegenheit vor dem Rat zu verhandeln sei – ein Privileg, das von dem Vertrauen zeugt, das den Deputaten entgegengebracht wurde. Nach einer späteren Bestimmung musste dieses Vertrauen durch eine Beschränkung der Amtszeit regelmässig neu ausgesprochen werden.

Der Auftrag der Deputaten bestand in der Beaufsichtigung und Unterstützung der neuen Akademie. Sie sollten die Einhaltung der getroffenen Vereinbarungen überwachen, den Magistrat über Neuerungen informieren und dessen Interessen wahren. Da sich bald nach der Gründung der Universität abzeichnete, dass diese nicht im erhofften Umfang auf die finanzielle Trägerschaft seitens der Kirche zählen konnte, bestand die Aufgabe der Kommission vorerst in der Sicherung der wirtschaftlichen Existenz der Universität. Als der Rat trotz einer nach mühseligen Verhandlungen erzielten Einigung mit den kirchlichen Behörden seinen Haushalt in weit höherem Masse belastet sah, als ursprünglich angenommen, machte er den Anspruch auf mehr Mitsprache geltend. Die Deputaten beteiligten sich aktiv an der Auswahl und Ernennung von Dozenten, handelten eigenständig Verträge mit diesen aus und legten ihre Besoldung fest. Sie wirkten zudem bei Änderungen der Universitätsordnungen mit. Dass ihre Handhabung der Geschäfte nicht immer unumstritten war, bezeugt eine Aktennotiz des Stadtschreibers – nur unabhängige Männer sollten ins Deputatenamt gewählt werden, denen der «gemeynen nutz der schule und der stat» am Herzen lag und die sich in ihren Entscheiden nicht von Partikulärinteressen leiten liessen (Staatsarchiv Basel-Stadt, Erziehung X 1,1, Nr. 51). Dennoch war und blieb das Deputatenamt angesehen und dehnte seinen Einfluss nach der Reformation sogar auf die Kirche aus. Mit dem neuen Universitätsgesetz von 1818 ging aus der Behörde die Kuratel hervor, welche 1996 in den neugeschaffenen Universitätsrat integriert wurde.

S. St.

Schule

Uff fritag vor Michaelis lx° hand bede Rete eynhelliclich erkennt
und gantzen vollen gewalt geben den Sechssen die vormals uber der
Schule sachen geordenet sint und wen sy ye noch irem bedunckent
zu inen beruffen, dz sy alle sachen so der Schule phrunden halb und
ouch umb doctores und meister ze bestellen und inen ir solde an
ze setzen und dz man solle die sachen aller phrunden halb fur sich
triben und beharren nach Rate dere die sich des verstanden, und was
sy also darinn handlen und tun werden das sol ouch daby bliben
und nutzit darin getragen werden

Der Schule deputaten gewalt

Uff Mittwoch nach dem zwolfften tage Anno etc lxj° hand bede Rete
uff sich der Rotten Ratschlagunge eynhelliclich erkennt dz man uber
der hohenschule sachen vier ordenen solle als ouch die dazemole
geordenet und erkettten sint nemlich her peter Roten Ritter heyn
richen yselin hannsen zschekkenburlin und heinrichen Schlierbach
zu denen der Statschriber oder der Statt schafftigen sachen halb daby
gesin mag ouch gan solle, und ist den genanten voller gewalt
geben und emphelhen ernstlich uber alle der Schule sachen die denn
der Statt halb furzenemende und usszetragen sint, ze sitzen und die
fur und fur usszerichten und die nit an die Rete wider ze bringen Es
were denn dz sy etwas treffenlichers sachen ankeme da sy selbs bedunckt
wolt die an eynen Rate ze bringen und wil ouch eyn Rate inen darin
nutzit tragen sunder sy ernstlich hanthaben by dem so sy der schule
halb verhandlen werden, [ob sye phrunden oder meistern oder ander notturfftigen sachen halb wie die genempt werden mogent,] und nyemanden gestatten inen in die fur
nemen ze reden und ob dz yemand aber als bisher dick beschehen ist
es sye innwendig oder usswendig des Rates nit enhielte sunder ubertrete
den darumb ze straffen on gnade, und des zu kunfftiger gedechtnisse
het eyn Rate den genanten deputaten diser erkantnusse eyn gegen geschrifft
ubergeben

3. Universitätsbetrieb

Alltag der Doktoren, Magister und Studenten

Lit.: Bonjour 1960; Sieber 2000.

Die Basler Universität war als *universitas magistrorum et scholarium* («Gemeinschaft der Lehrenden und Lernenden») eine selbständige Korporation mit eigener Gerichtsbarkeit und Privilegien, gegliedert in vier Fakultäten (in der Reihenfolge ihres Ranges): die drei oberen, die theologische, juristische und medizinische Fakultät, und die untere, die Artistenfakultät. Die Fakultäten wurden von einem Dekan geleitet, der dem Fakultätsrat vorstand. Den Zusammenhalt der Fakultäten gewährleisteten einerseits der Kanzler, ein Amt, das in Vertretung des Papstes der Basler Bischof ausübte (→ 8.6.), welcher das Promotionsrecht verlieh, andererseits der Rektor, bei dem die eigentliche Leitung lag. Während in den Anfangsjahren nur Graduierte in dieses Amt wählbar waren, konnten später (nach dem Vorbild der Universität von Bologna) auch Studenten Rektor werden (→ 3.4.), die allerdings meist aus besseren Familien stammten.

Stark ausgeprägt und Gegenstand zahlreicher Auseinandersetzungen war die hierarchische Gliederung *(ordo differenciae)*. Differenziert wurde nach Amt, akademischem Titel, aber auch nach der Höhe der entrichteten Gebühren. Die Rangfolge kam in der Sitzordnung, der Reihenfolge bei feierlichen Umzügen, in Insignien und Kleidervorschriften zum Ausdruck.

Mit dem feierlichen Akt der Immatrikulation, für die keine speziellen Voraussetzungen zu erfüllen waren, wurde der meist noch sehr junge Schüler (im Durchschnitt 16 Jahre, oft aber auch jünger) zum Studenten und kam in den Besitz der damit verbundenen Rechte und Pflichten (→ 3.5.). Da die Universität aufgrund ihrer eigenen Gerichtsbarkeit für ihre Mitglieder verantwortlich war, trug sie mit mehr oder weniger Erfolg Sorge dafür, dass die – ja grossteils stadtfremde – Gruppe sich gesittet verhielt und möglichst allen Konflikten mit der Bürgerschaft aus dem Weg ging. Die Studenten mussten sich nicht nur eidlich zu korrektem Verhalten verpflichten, sondern waren in den ersten Jahrzehnten der Universität auch verpflichtet, in Wohngemeinschaften zu leben, die von der Universität überwacht wurden und unter der Leitung eines Magisters standen. Diese so genannten Bursen (eine aus einem gemeinsamen Geldbeutel, eben einer *bursa*, lebende Gemeinschaft) dienten mit ihren strengen Hausordnungen nicht allein der Disziplinierung, sondern hatten auch den Zweck, den sehr ungleichmässigen Bildungsstand der neuen Studenten auszugleichen, was vor allem bedeutete, ihnen solide Lateinkenntnisse beizubringen, so dass sie dem in lateinischer Sprache durchgeführten Lehrbetrieb überhaupt folgen konnten. Deshalb durfte in den Bursen nur Latein gesprochen werden. Wer sich nicht an die Regel hielt, wurde durch geheime Informanten, so genannte Wölfe, dem Bursenleiter angezeigt und schwer gebüsst. Konnten die Bussen nicht bezahlt werden, wurden die Fehlbaren auf vegetarische Kost gesetzt. Von Glarean (→ 3.1.) wissen wir, dass er seine Burse ganz nach dem Vorbild der römischen Republik organisierte: Die Mitglieder wählten aus ihrer Mitte Zensoren, Aedilen und Quaestoren. Nur das Amt des Konsuln (in der Einzahl, anders als in Rom, wo jeweils zwei Konsuln amtierten) scheint ohne Wahl ihm selbst vorbehalten gewesen zu sein.

Das Studium begann mit einem Grundstudium an der Artistenfakultät. Frühestens nach drei Semestern konnte man den Titel eines *baccalaureus*, nach weiteren drei denjenigen eines *magister artium* erwerben. Damit hatte man einerseits die Befähigung und Verpflichtung, an der Artistenfakultät zu unterrichten, anderseits die Erlaubnis, an einer der oberen Fakultäten zu studieren. Rund 30% der Studenten erreichten das Bakkalaureat, nur noch 8% erwarben den Magistertitel. Erst den *magistri artium* war der Zutritt zu den drei oberen Fakultäten gestattet, deren Studiengänge bedeutend länger dauerten als derjenige der propädeutischen Artistenfakultät.

Die Artistenfakultät produzierte kein neues Wissen, sondern vermittelte das für das christliche Verständnis nützliche Wissen über die Welt und die Natur, das seit der Antike im Fächerkanon der sieben freien Künste zusammengefasst wurde, welcher aus dem Trivium (Grammatik, Rhetorik, Dialektik/Logik) und dem Quadrivium (Arithmetik, Geometrie, Musik, Astronomie) bestand. Die wichtigste Lehrform war deshalb die Vorlesung. Ein

Baccalaureus las den zu behandelnden Text vor, die Studenten schrieben ihn nach. In der Hauptvorlesung las der Magister den Originaltext noch einmal stückweise vor, so dass die Hörer ihren Text bei Bedarf korrigieren konnten, und erläuterte dabei die einzelnen Stellen. In den Statuten war genau festgelegt, welche Werke zur Erreichung der beiden Grade behandelt werden mussten. Zentral waren die zwölf Bücher der *Summulae logicales* des Petrus Hispanus, die als Einführung in die aristotelische Dialektik dienten. Neben der Vorlesung gab es Übungen, Krone des ganzen Unterrichts aber waren die Disputationen (→ 3.6.). Diese fanden jeweils am Samstagmorgen unter dem Beisein aller Magistri in der Aula statt. Die Studenten bewiesen bei diesen formalisierten und zu grossen Teilen auswendig gelernten Debatten, dass sie den Stoff beherrschten und in lateinischer Sprache zu behandeln wussten.

U. D.

Titelholzschnitt aus Sambucellus' «Argumenta communia ...», Basel 1511. (Universitätsbibliothek Basel)

3.1. Eine Lebensgeschichte: Heinrich Glarean

* 1488, † 1563

Lit.: Sieber 1963; Aschmann 1983; Schwindt 2006.

Der aus Mollis im Kanton Glarus stammende Heinrich Glarean (eigentlich Loriti) absolvierte 1507–1510 das Studium an der Artistenfakultät der Universität Köln, wo er anschliessend als Magister bis 1514 unterrichtete. In Köln wurde damals wie anderswo mit dem Problem gerungen, wie die neue pädagogische Bewegung des Humanismus in das Gebäude der mittelalterlichen Universität integriert werden sollte. Glarean entschied sich für den Humanismus und gegen ein Theologiestudium und beschäftigte sich in der Folge vertieft mit Poesie, Musik, Geschichte und Geographie. Daneben trieb er seine Karriere ausserhalb der Universität voran. Eine Möglichkeit bot der einem Doktorat gleichgestellte Titel eines *poeta laureatus*, mit dem Maximilian I. habsburgtreue Propagandisten rekrutierte und versuchte, den Humanismus zu fördern. Dank Unterstützung aus der kaiserlichen Entourage wurde Glarean 1512 auf dem Reichstag von Köln gekrönt. Als Dank trug er ein lateinisches Loblied auf den Kaiser vor.

Im Mai 1514 zog er nach Basel, wo er als *poeta laureatus* immatrikuliert wurde. Obwohl die Privatbursen abgeschafft worden waren, erhielt er die Erlaubnis, eine zu führen. In diesem halbprivaten Rahmen, nicht an den Lehrplan der Universität gebunden, behandelte er erfolgreich mit seinen Schülern die ganze Breite der antiken Schriftsteller und bot auch einen rudimentären Griechisch- und Hebräischunterricht.

Prägend wurde die Bekanntschaft mit Erasmus von Rotterdam (→ 4.1.), der ihm nicht nur als Rollenmodell für eine humanistische Karriere an den Rändern der Universität diente und ihn in der Ablehnung der scholastischen Lehrmethode bestärkte, sondern ihn zu den Quellen des Christentums und zu einer tiefen, auf Christus ausgerichteten Frömmigkeit führte.

Das wegen Glareans Sonderstellung nicht spannungsfreie Verhältnis zur Universität illustriert die Anekdote, wie er hoch zu Ross an einer Disputation teilnahm, weil die Fakultät ihm den einem *poeta laureatus* zukommenden Sitzplatz verweigert hatte. Glarean pflegte deshalb weiterhin seine ausseruniversitären Kontakte. Er verfasste als Gegenstück zum Preisgedicht auf Maximilian I. eine dichterische Beschreibung der Schweiz, die er 1515 der Tagsatzung in Zürich vortrug. Indem er so geschickt die Loyalität gegenüber dem Kaiser mit einem prononcierten schweizerischen Patriotismus verband, sicherte er sich die Unterstützung des Kaiserhofs und der eidgenössischen Herrschaftsschicht und wurde zum Aushängeschild einer nicht nur kriegerisch erfolgreichen, sondern auch humanistisch gelehrten Schweiz.

«Poetae», Heinrich Loriti [Glareanus] genannt. Randzeichnung von Hans Holbein d. J. in einem Exemplar von Erasmus' «Lob der Torheit», Basel 1515. [Kunstmuseum Basel, Foto: Martin P. Bühler]

Ab 1517 betrieb er im Auftrag der Tagsatzung in Paris eine Burse für die dortigen Schweizer Studenten. Doch schon 1522 wurde er vom Basler Rat zurückberufen – wohl in der Hoffnung, damit das für die Basler Universität wichtige Reservoir an eidgenössischen Studenten besser erschliessen zu können. Das anfänglich wiederum schlechte Verhältnis zur Universität besserte sich mit den Anfängen der Reformation in Basel (→ 8.). Glarean, der Luther zuerst als einen an den reinen Quellen der christlichen Lehre interessierten Humanisten eingeschätzt hatte, dessen antirömische Polemik er durchaus teilte, sah immer mehr die Entwicklung der *studia humanitatis* bedroht und stellte sich wie Erasmus gegen die Reformation. Danach stützte er sich nicht mehr auf den Basler Rat, der die Reformation vorantrieb, sondern wandte sich der noch altgläubig ausgerichteten Basler Universität zu, die ihn nun standesgemäss aufnahm.

Die endgültige Einführung der Reformation 1529 brachte Glarean um seine Existenzgrundlage, da nun die Studenten aus den katholischen Orten ausblieben. Deshalb wechselte er im selben Jahr nach Freiburg, wo er noch bis 1560 während gut 30 Jahren als Bursenleiter und Professor für Poetik, Geschichte und Geographie wirkte. Im Unterschied zu Erasmus, der zu beiden Parteien Abstand hielt, entwickelte Glarean sich seinem Charakter gemäss zum kompromisslosen Feind der Reformierten. Noch 1559 konnte er sich über den schon lange verstorbenen Oekolampad (→ 8.1.) ereifern.

Bedeutend war Glarean vor allem als Lehrer, der durch die Ausbildung der politischen Elite der Eidgenossenschaft stark zum nationalen Gemeinschaftsgefühl beitrug. Als Dichter und Stilist eher mittelmässig, publizierte er zahlreiche gelehrte Werke und Editionen, in denen er das Wissen der Antike auf den Gebieten der Geschichte, der Geographie, der Mathematik und der Musik wieder zum Leben erweckte. Bahnbrechend wirkte er in der Geographie, wo er aber bald überholt wurde. Bis heute bedeutend bleibt er als Musiktheoretiker, hauptsächlich durch sein Dodekachordon. Darin stellte er nicht nur die Geschichte der Musik von der Antike an dar, sondern entwickelte auch ein System von 12 Tonarten, mit dem er durch den Bezug auf ein vermeintlich verschollenes antikes System die zeitgenössische Polyphonie zu legitimieren versuchte. Nicht der geringste Wert des Buchs liegt deshalb in den zur Illustration integrierten Beispielen von Tonwerken aus der Zeit von 1480 bis 1540.

U. D.

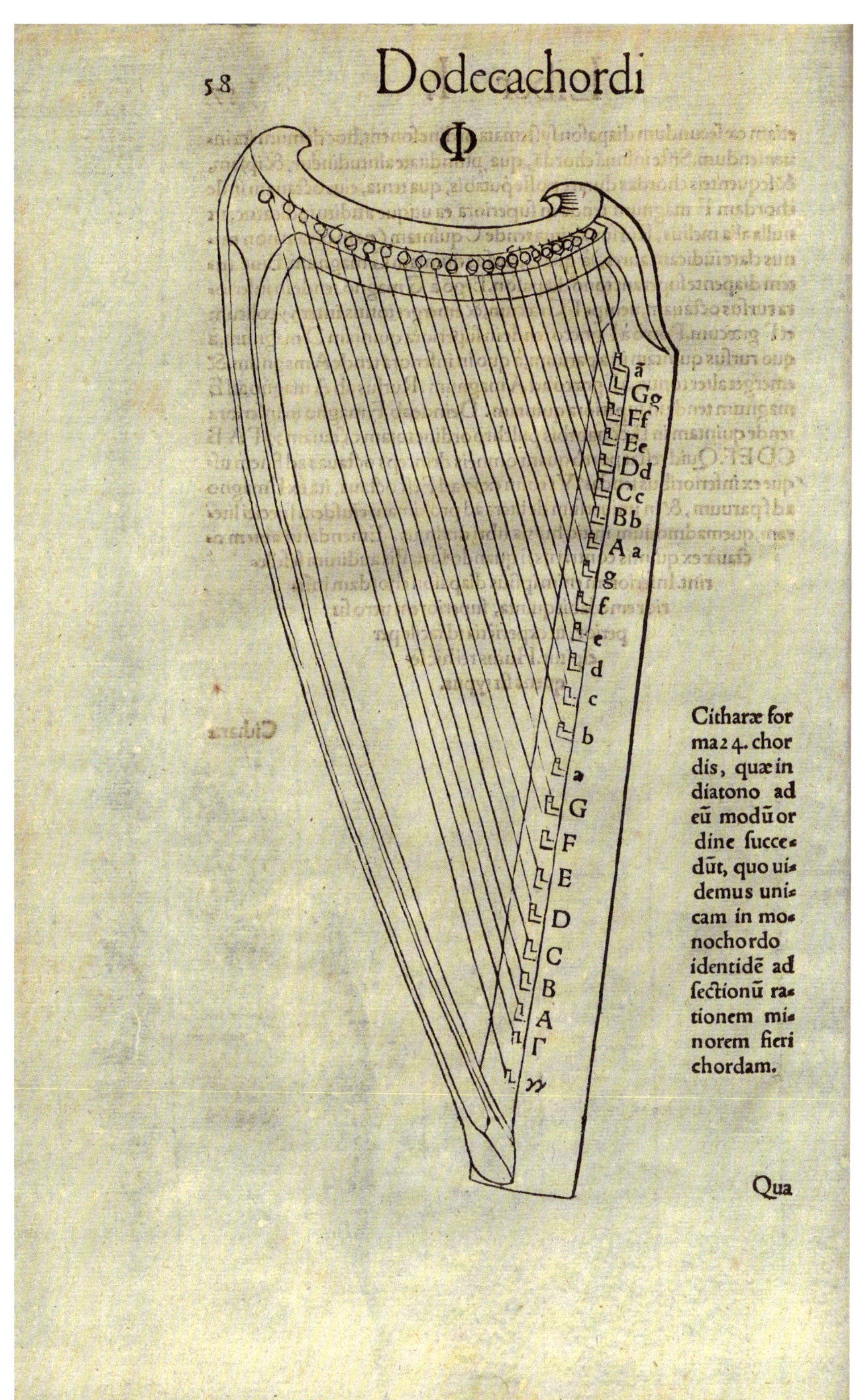

Darstellung der 24-saitigen Leier mit den Tonbezeichnungen aus Heinrich Glareans «Dodekachordon», Basel 1547. (Universitätsbibliothek Basel)

3.2. Matrikel der Theologischen Fakultät

Theologicae Facultatis Matricula 1462–1740
Universitätsbibliothek Basel, Mscr. AN II 6, hier fol. 3r
Lit.: Vischer 1860, 205–217; Bernoulli 1910 (Teiledition).

Augustin von Hippo erscheint als Vorbild und Schutzpatron der Theologie auf der ersten Seite der Fakultätsmatrikel. Er sitzt an seinem Schreibpult in dem prächtig ausgestalteten Buchstaben «A», mit dem die Matrikel anfängt. Der Buchstabe könnte auch der Namensbeginn des nordafrikanischen Kirchenvaters sein, doch hier steht er zunächst für das Datum: «Anno Domini», nämlich im Jahr des Herrn 1462, am Tag des Evangelisten Lukas (18. Oktober). Mit diesem Tag beginnen die Aufzeichnungen der Matrikel. Damals wurde der Dominikaner Caspar Maner zum Dekan gewählt. Vermutlich ist er der erste Dekan der Fakultät, obgleich die Universität zum Zeitpunkt seiner Wahl schon zweieinhalb Jahre alt war. Das bedeutet aber nicht, dass die Fakultät vorher nicht bestand. Im Gegenteil sagt nicht nur die Stiftungsurkunde (→ 1.2.), dass die Universität von Anfang an als Volluniversität nach dem Modell von Bologna mit allen vier Fakultäten geplant war (Theologie, Jurisprudenz, Medizin, Artes), sondern der Rektor lud gleich nach der Gründung zu den Vorlesungen aller vier Fakultäten ein (Bonjour 1960, 40). Caspar Maner ist im zweiten Semester (Winter 1460/61) als «sacrae theologiae professor» in der Rektoratsmatrikel eingeschrieben, und schon vor ihm – als fünftes Universitätsmitglied überhaupt – der Domprediger und Theologe Johann Kreuzer, der 1461/62 das Rektorat bekleiden sollte.

Die Fakultätsmatrikel erfüllt nicht den gleichen Zweck wie die des Rektorats, und sie sollte vielleicht eher als «Dekanatsbuch» bezeichnet werden. Während der Eintrag dort die Mitgliedschaft in der *academic community* konstituiert (→ 1.4.) und damit auch eine gewisse repräsentative Rolle verbunden ist, geht es hier um praktisch-administrative Funktionen des inneren Betriebes. Daher ist die Fakultätsmatrikel vergleichsweise schlicht. Ausser der Augustin-Miniatur auf der ersten Seite enthält sie keine Bilder. Hier werden nicht nur die Dekanate verzeichnet, sondern vor allem die abgelegten Prüfungen: Es erscheinen also nur die ernsthaft Studierenden oder wissenschaftlich Arbeitenden. Im hinteren Teil befinden sich ausserdem auch Fakultätsstatuten, die erste Fassung wohl von 1462 (fol. 83v–95v, ed. Bernoulli 1910, 10–35; zur Datierung Vischer 1860, 208). Sie war mit gewissen Modifikationen bis zur Reformation gültig. Zunächst geht es um Wahl und Aufgabe des Dekans: Für seine Mühen erhält er am Jahresende einen Gulden. Damit er sich nicht selbst an der Fakultätskasse bedienen kann, werden zum Öffnen zwei Schlüssel gebraucht, von denen der zweite bei einem Kollegen ist. Der spätere Zusatz, der den Fall regelt, dass ausser dem Dekan kein Doktor der Fakultät angehört, zeigt, dass die Theologie zwar die erste, aber nicht die grösste unter den vier Fakultäten war. Schon einige Jahre vor der Reformation und den sie ankündigenden Wirren war die Fakultät deutlich geschrumpft. Die Einträge werden kürzer, und schliesslich wird unter dem Jahr 1529 nüchtern verzeichnet, dass die «religio papista» am 12. Februar aufgehoben worden sei, die evangelische Lehre eingeführt und die alte Fakultät samt ihrem Dekan Ludwig Bär vertrieben (fol. 41v). Danach brauchte es eine Weile, bis der Betrieb wieder regulär lief – erst ab den 40er Jahren werden die Eintragungen wieder häufiger.

In der Matrikel finden sich manche berühmte Namen: etwa der Prediger Johann Geiler von Kaysersberg (†1510), der 1475 in Basel den theologischen Doktor erwarb (fol. 7v u.ö.), um dann als Rektor nach Freiburg im Breisgau zu gehen und schliesslich als Prediger am Strassburger Münster die aufrüttelnden Reden zu halten, die ihn landauf landab bekannt machten. Natürlich begegnen auch die grossen Reformatoren – zu einer Zeit, als sie noch nicht wussten, dass sie einst als solche berühmt werden würden: 1515 wurde Johannes Oekolampad (→ 8.1.) in die Fakultät aufgenommen (fol. 37r), wenig später dann auch Wolfgang Capito und Caspar Hedio (fol. 38r und 39v), die beide später massgeblich an der Einführung der Reformation in Strassburg beteiligt waren. Unter den Theologen nach der Reformation sei vor allem ein prominenter Flüchtling aus Wittenberg genannt: Andreas Bodenstein, genannt Karlstadt, hatte nach dem schweren Konflikt mit Luther die dortige Universität verlassen müssen. Nach verschiedenen Zwischenstationen fand er schliesslich in Basel eine neue Heimat. 1535 wurde er hier in die Fakultät aufgenommen («in collegium … cooptatus est», fol. 42r). Natürlich erscheinen auch die anderen Stützen der Fakultät beim Wiederaufbau nach der Reformation: Oswald Myconius, Simon Grynaeus und Sebastian Münster (fol. 42v–43r).

M. W.

3.3. Matrikel der Juristischen Fakultät

Dekanats- und Promotionsmatrikel der juristischen Fakultät, 1461–1921
Universitätsbibliothek Basel, Mscr. AN II 7, hier fol. 16r
Lit.: Vischer 1860; Wackernagel 1951–1956; Kisch 1957 u. 1962; Hagemann 1960, Wilhelmi 2002.

Matrikeln bilden eine wichtige Quelle zur Erforschung der Frühgeschichte der Universität Basel. Sie geben nicht bloss Auskunft über Namen und Zahl der Professoren und Studierenden, sondern enthalten auch wichtige Hinweise zu deren Biographie und deren Bildungsgang. Diese Informationen erlauben es, die Personen im Kontext der damaligen Gelehrtenwelt einzuordnen (Kisch 1957, 369f.). Während in der Rektoratsmatrikel (→ 1.4.) die Namen der Rektoren und der Studienanfänger verzeichnet sind, legt die Matrikel der Juristischen Fakultät auf insgesamt 143 durchnummerierten Doppelseiten für die Jahre 1461 bis 1921 – durchwegs in lateinischer Sprache – Zeugnis über die Dekanate und die vorgenommenen Promotionen ab (Kisch 1962, 57f.). Zu Beginn sind diese Daten pro zwei Jahre, dann pro Jahr auf je einer Doppelseite festgehalten. Dabei wurden auch das Wahlverfahren des Dekans und die Einnahmen in den Fiskus der Fakultät sorgfältig dokumentiert. Für das Jahr 1461 und jeweils nach Ablauf eines Dekanatsturnus ist ein Verzeichnis der Dozenten aufgeführt. Nach 1512 werden die Eintragungen spärlicher und verebben dann ganz (Vischer 1860, 232f.). Ein Neuanfang ist im Jahr 1533 angesetzt, wobei nun zum Teil in gedrängter Form bloss die Promovierten, jedoch regelmässig mit vollem Namen und Herkunftsort, kontinuierlich nach Jahr und Dekanat aufgelistet sind. Im Vergleich mit der Rektoratsmatrikel ist die Matrikel der Juristischen Fakultät schlicht gestaltet, sie enthält keinerlei Miniaturen. Kunstvolle, teils mit Narrenköpfen verzierte, aber durchwegs einfarbig gestaltete Initialen und eine kalligraphische Schrift bilden den einzigen Schmuck. Der erst nach der Reformation entstandene Einband der Matrikel besteht aus zwei mit hellem Leder überzogenen Holzdeckeln, auf denen kleine Medaillons mit Erasmus von Rotterdam, Martin Luther und Philipp Melanchthon zu erkennen sind.

Die vorliegende Seite aus der Matrikel der Juristischen Fakultät (fol. 16r) aus dem Jahr 1477 gibt Aufschluss darüber, dass am 19. Mai, dem Tage des Heiligen Ivo, dem Schutzpatron der Juristen, Matthäus Müller, Doktor des kanonischen Rechts, Kanonikus zu St. Peter und Offizial des Bischofs von Basel, zum Dekan der Fakultät gewählt worden ist und die Gebühren von folgenden vier Personen für ihre Promotion zum Baccalaureus bzw. Licentiatus eingegangen sind:

- von Johannes Louber aus Wetzlar, Scholastikus und Kanonikus an der St. Georgs-Kirche in Limburg in der Diözese von Trier, ein Gulden für die Promotion zum Baccalureus,
- von jemanden für Sebastian Brant, – wobei sein Name erst nachträglich, evtl. von ihm selbst, am Rande vermerkt worden ist – der bei Jakob Hugonis wohnte, ein Gulden für die Promotion zum Baccalaureus,
- von einem namentlich nicht genannten Ordensmönch, ein Gulden für die Promotion zum Baccalaureus,
- und schliesslich von einem gewissen Herrn Peter, ohne Nennung des Nachnamens, ehemals Hilfskraft des Doktor zem Lufft, zwei Gulden für die Promotion zum Licentiatus.

Abschliessend ist vermerkt, dass sich im Fiskus der Fakultät insgesamt 14 Gulden und 18 Schillinge befinden.

Von den Genannten erscheint der 1457 in Strassburg geborene Sebastian Brant als die heute bekannteste Persönlichkeit. Die Rektoratsmatrikel hält fest, dass Brant sich im Winter 1475/76 an der Universität Basel immatrikuliert hat (ed. Wackernagel 1951–1956, Bd. 1, 138). Aus der Matrikel der Juristischen Fakultät geht hervor, dass er zudem 1483 sein Lizentiat (fol. 22) und 1489 sein Doktorat erworben hat (fol. 28). 1492 stand er der Fakultät als Dekan vor (fol. 31) und 1493 ist er als Dozent für beide Rechte aufgeführt (fol. 32). Sebastian Brant, der von 1489 bis 1500 an der Basler Juristenfakultät kanonisches (kirchliches) und römisches (ziviles) Recht und an der Artistenfakultät zusätzlich Poesie lehrte und wohl erst 1496 den Rang eines besoldeten Ordinarius eingenommen hat (Vischer 1860, 188ff. und 242; Wilhelmi 2002, 11ff.), zählt mit Claudius Cantiuncula, Johannes Sichardus, Bonifacius und Basilius Amerbach und weiteren zu den wichtigsten Vertretern einer humanistisch geprägten Lehre der Jurisprudenz in Basel, die weit über Basel hinaus Ruhm erlangt hat (Kisch 1962, 75ff.; Hagemann 1960, 268f.).

R. K.

Venerabilis et Egregius vir dns Matheus müller
decretorum doctor Canonicus ecclie sancti petri ac Officialis
Curie epalis Basi ipa die sancti Ivonis iuristarum patroni Sub
Anno dni Millesimo Quadringentesimo Septuagesimo sep
timo In decanum facultatis Iuridice fuit electus Qui ad sta
tim solitum fidelitatis prestitit Iuramentum

Item Remanen in fisco facultatis p antecessorem dnm
decanum ix florenos xviij dn

Recepta pro fisco facul
tatis a promouendis

Item a dno Iohanne louber de Wetsflaria Scolastico et
Canonico ecclie sti Georgii In lympurg Treueren diocesis
Ac Rectore vniuersitatis Basi In baccalarium pmoto j fl

Item a quodam conuentuali cum magistro Iacobo hugonis In
baccalarium promoto j fl — Sebastiano brant Bacc.

Item a quodam monacho ordinis premonstraten In Bac
calarium promoto j fl

Item a dno petro quondam famulo dni doctoris zem luft
in licentiatum promoto feria secunda ante penthecosten ij fl

Summa xiiij fl xviij d

3.4. Statuten von 1477

Liber statutorum studii Basiliensis 1459–1609
Staatsarchiv Basel-Stadt, Universitätsarchiv, Bücher A I, hier fol. c
Lit.: Vischer 1860, 311–314 (Teiledition); Bonjour 1960; Gieysztor 1993.

Die Ordnungen und Satzungen, die nach der Universitätsgründung in Freiheitsbrief (→ 1.5.) und Concordata (→ 1.6.) festgehalten wurden, waren weder umfassend noch dauerhaft. In ihrer Lückenhaftigkeit boten sie den Vertretern des akademischen Betriebs viel Raum für willkürliche Interpretation und führten bei der Ausdeutung im Alltag regelmässig zu Auseinandersetzungen.

Um Klarheit zu schaffen, wurde 1465 eine Kommission von «Statutarii» – vermutlich zusammengesetzt aus je zwei Realisten und Nominalisten (→ 5.) – beauftragt, Statuten für die Gesamtuniversität zu entwerfen. Die Fertigstellung zog sich in einem langwierigen Prozess über ein Jahrzehnt hin und mündete in eine abschliessende Fassung, die im hier abgebildeten «Liber Statutorum» von 1459–1609 enthalten ist. Die Jahreszahl von 1477, die im Statutenbuch nicht vermerkt ist (Vischer 1860, 96), kennen wir nur dank einer Abschrift der Statuten aus dem «Archivum Academicum», einer späteren Schriftensammlung.

So entstanden die ersten umfassenden Statuten der Universität Basel erst siebzehn Jahre nach Gründung der Hohen Schule. Bis zur Neuordnung nach der Reformation (→ 8.5.) erfolgte keine weitere Statutenrevision. Lediglich Streichungen und Ergänzungen wurden vorgenommen, und selbst diese fehlen ab 1521 (ebd., 98).

Sowohl Wilhelm Vischer als auch Edgar Bonjour haben bei den Statuten von 1477 grosse Ähnlichkeit bis hin zur wortwörtlichen Übereinstimmung mit den Statuten der Universitäten von Pavia und Erfurt festgestellt. Zu Beginn wird festgehalten, «dass das Studium Generale in allen Fakultäten, [nämlich] des göttlichen Gesetzes wie auch des menschlichen, der beiden Rechte [kanonisch und zivil], der Medizin und der Philosophie samt den übrigen freien Wissenschaften, soweit sie mit unserem rechten Glauben übereinstimmen, von allen nach Lust und Laune verfolgt werden soll. Und dieses Studium möge eine Gesamtheit *(universitas)* sein mit einem unteilbaren Körper und einem Haupt, nämlich dem Rektor, der fähig ist, die Glieder dieser Universität zu regieren im Geiste untenstehender Statuten».

Die zuvor stets umstrittenen Rektorwahlen sollten zweimal jährlich stattfinden (Archivum Academicum, fol. 40^r^) und, dies stellte eine Neuerung dar, auch Studenten konnten in das Amt gewählt werden (ebd., fol. 40^v^). Diese Regelung, so wurde befunden, entsprach dem in der Stiftungsbulle (→ 1.2.) indirekt geäusserten Wunsch des Papstes Pius II. (→ 6.1.), der die Errichtung der Hohen Schule nach dem demokratischen Modell der Universität Bologna angeordnet hatte. Im Gegensatz zu diesem standen die eher aristokratischen Universitätsmodelle nördlich der Alpen (Vischer 1860, 94; Gieysztor 1993, 118–126). Als Erklärung für den Entscheid mag dienen, dass es sich bei den Basler Studenten nicht selten um einflussreiche und adlige Männer handelte, die mit ihrer ganzen Gefolgschaft in der Stadt residierten. Durch die Anpassung der Regelung sollte den Professoren mehr Zeit für ihr «Kerngeschäft» verschafft werden (Bonjour 1960, 51).

Ein Rektor, der die Wahl ablehnte, musste als Busse drei rheinische Taler in die Universitätskasse bezahlen. Unterliess er dies ohne glaubwürdigen Grund, musste er die Universität verlassen. Der Amtseid des Rektors sollte auf die Heiligen Evangelien geschworen werden (Archivum Academicum, fol. 40^v^).

Ebenfalls einen hohen Stellenwert nahm in den Statuten die Rang- und Sitzordnung bei Versammlungen und Veranstaltungen ein, die bei Strafe peinlich genau einzuhalten war (fol. 45^v^). Bei Prozessionen ging zuvorderst der Rektor, in Folge die Reihe kirchlicher Würdenträger und Adliger und dahinter der Dekan der Theologischen Fakultät (fol. 46^r^). Die Theologische Fakultät stand grundsätzlich zuoberst in der hierarchischen Rangordnung. In den gewöhnlichen Vorlesungen durften nur Adlige oder Prälaten in den vordersten Bänken sitzen, was nicht zuletzt eine Massnahme zur Steigerung der Attraktivität des Studienortes für bessergestellte Besucher darstellte.

Der Student hatte bei Promotionen seinen Doktoreid auf das Universitätsszepter (→ 1.7.) abzulegen. Jedes Semester sollte eine Messe zu Ehren Gottes, der Jungfrau Maria und himmlischen Versammlung, zum Lob der Wohltäter und Stifter und zum fruchtbaren Weitergedeihen der Universität gelesen werden. Dies gab Gelegenheit zu einem festlichen Universitätsanlass mit Reden und Preisverleihungen – ähnlich dem heutigen Dies Academicus –, der mit einem gemeinsamen Mahl abgeschlossen wurde (fol. 51^v^).

D. Z.

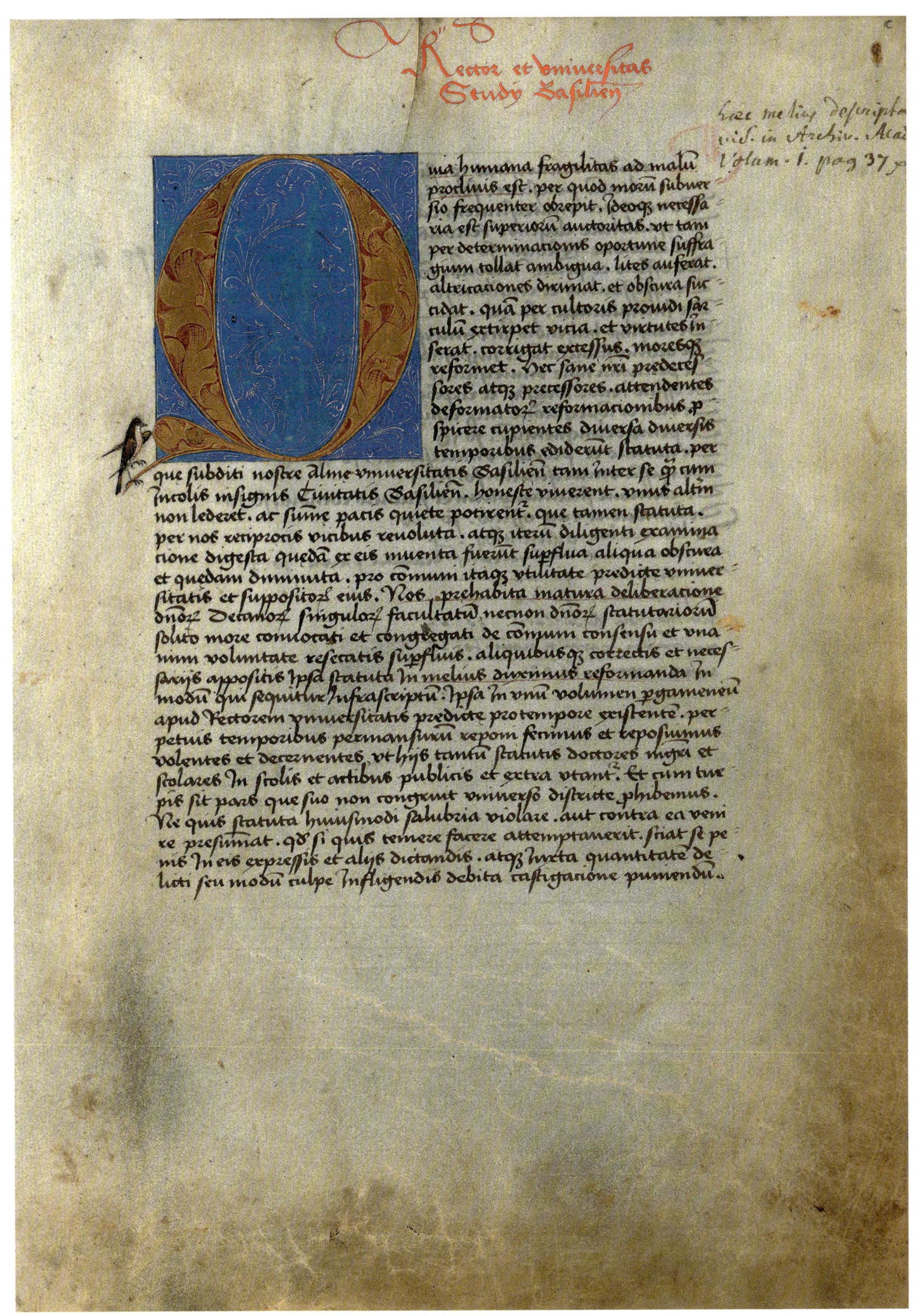

Rector et universitas
Studij Basilien

hec melius descripta
vid. in Archiv. Acad.
Volum. I. pag 37

ma humana fragilitas ad malu
proclinis est. per quod moru subver
sio frequenter obrepit. Ideoqz necessa
ria est superioru auctoritas. ut tam
per determinationis oportune suffra
gium tollat ambigua. lites auferat.
altercationes dirimat. et obscura luc
cidat. qua per cultoris providi sar
culu extirpet vitia. et virtutes in
serat. corrigat excessus. moresqz
reformet. Hec sane nri predeces
sores atqz precessores. attendentes
deformatoru reformationibus p
spicere cupientes diversa diversis
temporibus ediderunt statuta. per
que subditi nostre alme universitatis Basilien tam inter se qz cum
incolis insignis Civitatis Basilien. honeste viverent. unus altum
non lederet. ac summe pacis quiete potirent. que tamen statuta.
per nos reciprocis viribus revoluta. atqz iteru diligenti examina
tione digesta queda ex eis inventa fuerunt superflua aliqua obscura
et quedam diminuta. pro communi itaqz utilitate predicte univer
sitatis et suppositoru eius. Nos prehabita matura deliberatione
dnoru Decanoru singuloru facultatum necnon dnoru statutariorum
solito more convocati et congregati de commun consensu et una
nimi voluntate resecatis superfluis. aliquibusqz correctis et neces
sarijs appositis ipsa statuta in melius duximus reformanda in
modu qui sequitur infrascriptu. Ipsa in unu volumen pergamenu
apud Rectorem universitatis predicte pro tempore existente. per
petuis temporibus permansuru reponi fecimus et reposuimus
volentes et decernentes. ut hijs tantu statutis doctores magri et
scolares in scolis et actibus publicis et extra utant. Et cum tur
pis sit pars que suo non congruit universo districte prohibemus.
Ne quis statuta huiusmodi salubria violare. aut contra ea veni
re presumat. qd si quis temere facere attemptaverit. sciat se pe
nis in eis expressis et alijs dictandis. atqz iuxta quantitate de
licti seu modu culpe infligendis debita castigatione puniendu.

3.5. Riten und Bräuche der Studentenschaft

Dyas orationum de ritu depositionis, Strassburg 1666 (VD17, 1:064950A)
Universitätsbibliothek Basel, BA IX 7, hier Abb. 3
Lit.: Thommen 1887; Staehelin 1957, 102–107; Füssel 2005.

Der bis ins 18. Jh. an deutschen Universitäten verbreitete Brauch der Depositio war einerseits eine Geldquelle für die Artistenfakultät, anderseits ein disziplinierender Initiationsritus, welcher den Übergang von der Schule an die Universität markierte. Die angehenden Studenten, *beani* genannt, wurden als wilde Tiere kostümiert. Unter gröbsten Beschimpfungen wurde das «ungehobelte Tier» danach mit allerlei Instrumenten zivilisiert: Die Haare wurden ihm geschnitten und gekämmt, die Zähne gezogen, die Nägel gefeilt, die Gehörgänge ausgeschaufelt, die Hörner abgeschlagen.

Ab dem 14. Jh. lässt sich das *beanium* belegen, eine Aufnahmegebühr, welche die Bursen mit Duldung der Universität von den *beani* einforderten. Die überlieferten Bestimmungen begrenzen die Höhe der Gebühr und verbieten offenbar von Anfang an damit verbundene Gewaltexzesse. Die frühesten Beschreibungen des Rituals stammen freilich erst aus dem späten 15. Jh. Nach dem Niedergang der Bursen wurde die Depositio institutionalisiert und der Artistenfakultät übertragen.

In Basel wird die Depositio bereits im 15. Jahrhundert bestanden haben, fassbar wird sie aber erst, als sie unter der Bezeichnung *depositio rudimentorum (puerilis disciplinae)*, d.h. «Ablegung der Anfänger(un)sitten (aus dem Schulunterricht)», im 16. Jahrhundert Teil der ordentlichen Immatrikulation wird. Bis 1626 fand die Zeremonie alternierend im Oberen bzw. Unteren Kollegium am Rheinsprung statt. In den jeweiligen Matrikeln sind der Ablauf einer Depositio und die Rollen aller Beteiligten genau beschrieben. Zu Beginn knien die Deponendi vor dem Leiter und bitten um Aufnahme in das Verzeichnis der Studenten. Daraufhin müssen sie schwören,

- den Dekan, die Mitglieder des Fakultätsrates, den Propst und den anwesenden Magister bis zu ihrem Tode zu achten und ehren,
- das Kollegium nach Kräften zu unterstützen,
- die übliche Eintrittsgebühr dem Quaestor zu entrichten,
- sich innerhalb der folgenden Woche beim Rektor zu immatrikulieren,
- die Vorlesungen, welche ihnen die Lehrer empfehlen, nicht nur zu hören, sondern auch zu wiederholen und auswendig zu lernen,
- ihr Studium so zu absolvieren, dass sie den Lehrern und der Universität keine Schande machen,
- sich nicht zu rächen, wenn sie von Kommilitonen etwas unsanft behandelt werden sollten.

Nach dem Eintrag in das *album studiosorum* und einer Grammatikprüfung ordnen die anwesenden Studenten die übliche Prozedur an, welche vom Depositor ausgeführt wird. Mit Hand anlegen darf nur der Pedell, die Studenten bilden das Publikum, das verbal lautstark auf die Handlung Einfluss nimmt. Zum Abschluss tauft der Leiter die Deponendi im Namen von Apollo, Minerva und der Musen und ermahnt sie, fleissig zu studieren – sich selbst, den Eltern, den Lehrern und Verwandten zur Ehre, den Freunden zum Trost, den Feinden zum Schrecken und der Heimat und der Kirche zum Nutzen. Den nun als Depositi Bezeichneten bleibt nur noch, für die Quälerei zu danken. Ausser dem Eintrag in die Studentenliste erhalten sie eine schriftliche Bestätigung, deren Preis je nach Ausführung, auf Papier oder Pergament, variierte.

Bereits Luther hatte sich positiv über den erzieherischen Nutzen der Deposition geäussert; trotzdem wurde bald Kritik laut an dem als unzeitgemäss angesehenen Ritual. Als Folge wurden ihm eine didaktische Bedeutung und dem Brauch eine bis in die Antike reichende Tradition zugeschrieben. So begründet hielt sich die Depositio allen Anfeindungen zum Trotz noch lange, in Basel länger als anderswo, bis 1798. Danach wurde die Gebührenfrage anders geregelt, und das Ritual verliess den institutionellen Rahmen und sank wieder auf die Ebene der Studentenverbindungen.

Die mehrfach nachgedruckte *Dyas orationum de ritu depositionis* illustriert in zwanzig durch ihre Unbeholfenheit intensiv wirkenden Holzschnitten die einzelnen Stationen, die unter dem Motto *Ludicra dum simulant spectacula seria tractant* (Indem das Schauspiel vordergründig Lustiges zeigt, behandelt es ernste Themen) von kurzen moralischen Ausdeutungen begleitet werden.

U. D.

3
Et caliendra tibi resecabo, doceboq, crines
Ornandi pulchra qua ratione sient
Weil du kanst mancher haar, du Zottelbock, entpähren
Drum muss zur Erbarkeit ich deinen kopff bescheren

3.6. Thesenplakat zu einer juristischen Disputation

Thesenplakat von Georg Reicher, Basel 1574
Universitätsbibliothek Basel, EL I 4a, Nr. 54
Lit.: Mommsen 1978.

Disputationen waren an allen Universitäten zentraler Bestandteil des akademischen Betriebs. Bei den regelmässig und zu unterschiedlichen Anlässen durchgeführten «Streitgesprächen» oder «Wortkämpfen» handelte es sich indes keineswegs um spontane Redeschlachten, sondern um gut vorbereitete öffentliche Abhandlungen mit festgelegter Rollenverteilung. Ein Proponent (auch Respondent oder Defendant) vertrat Thesen, welche der Opponent zu widerlegen suchte. Der formale Ablauf beruhte gewöhnlich auf der Methode der scholastischen *quaestio* (Untersuchung) mit These, Pro- und Kontra-Argumenten, abschliessender Antwort und Auflösung der Einwände. Während des «Grundstudiums» an der Artistenfakultät war die Präsenz an den wöchentlichen Disputationen verpflichtend, aber auch die aktive Teilnahme ein wichtiges Element der Ausbildung, ohne das es in der Regel keine Zulassung zum Examen gab. Nicht Wissensvermittlung stand dabei im Zentrum, sondern die Förderung des Intellekts und die Verbesserung der Redegewandtheit. An den höheren Fakultäten war die Disputation zudem eine von mehreren Prüfungsformen zur Erlangung akademischer Grade.

Besondere Bedeutung hatte das Disputieren an der juristischen Fakultät, da die wissenschaftliche Jurisprudenz im 15. und 16. Jahrhundert in der scholastischen Lehrmethode verwurzelt war. So waren Disputationen neben den Vorlesungen bedeutsame Lehrveranstaltungen. Es gab spezifische Handbücher für den *modus disputandi ac ratiocinandi in jure*, und die Thesen einer Disputation entsprachen oftmals der Art von Behauptungssätzen einer Rechtsschrift (vgl. Mommsen 1978, 26f.). Neben Übungsdisputationen und solchen zu besonderen Anlässen machten die Disputationen «pro gradu» den grössten Teil der Veranstaltungen aus (ebd., 50). Dabei ging es gewöhnlich um die Erlangung des Doktortitels, welche nebst dem Bestehen von Tentamen (einer mündlichen Vorprüfung) und Examen (schriftlicher Prüfung) als dritte Leistung den öffentlichen Disputationsakt über gedruckt vorliegende Thesen voraussetzte.

Da die Basler Fakultät in Folge der Reformation personelle Engpässe durchlief und die Besucherfrequenz zwischenzeitlich stark zurückging, dauerte es nach der Neuordnung (→ 8.5.) der Universität rund dreissig Jahre, bis Promotionen aufs Neue an der Tagesordnung waren. Erst nachdem die Lehrstühle ab 1564 wieder mit drei ordentlichen Professoren besetzt waren, stieg die Anzahl der Kandidaten rapide an. Die von ihnen vorbereiteten Thesen mussten jeweils vom Dekan approbiert und zum Druck freigegeben werden (ebd., 32). In den frühen Jahren bis 1579 wurde gewöhnlich ein einfaches Plakat mit einer Auflage von hundert bis zweihundert Exemplaren in Auftrag gegeben, während sich danach mehr und mehr die Form der Broschüre durchsetzte (ebd., 44). Eine grosse Anzahl dieser Drucke sind erhalten geblieben; Karl Mommsen hat sie in seinem «Katalog der Basler juristischen Disputationen 1558–1818» erfasst und untersucht.

Eines der zeitlich früheren und aufwändiger gestalteten Plakate aus dem Fundus der Universitätsbibliothek ist das hier Abgebildete. Es bezeugt die Disputation «pro gradu» eines Georg Reicher aus Ulm vom 22. April 1574. Reicher hat sich unter Rektor Basilius Amerbach (1573–1574) auf Seite 219 in den zweiten Band der Rektoratsmatrikel eingeschrieben, ein weiterer Eintrag befindet sich auf Seite 68 der juristischen Matrikel (→ 3.3.). Dass er seine Disputation erfolgreich absolviert hat, bezeugt der Titel «dr. iur. utr.» (= utriusque). Die Professoren, unter denen er studierte, waren Adam Henricpetri, Samuel Grynaeus und Basilius Amerbach. In den 22 formulierten Thesen *(positiones)*, die gleichzeitig das Programm für den Disputierakt darstellten, werden die zivilrechtlichen Forderungen und Ansprüche behandelt, die in Folge eines Leihvertrags *(commodatum)* zur Geltung kommen können. Dabei wird vorerst festgestellt, wer unter welchen Umständen und in welchem Umfang belangt werden kann, um im Anschluss auf besondere Fälle wie Beschädigung und Verlust von Leihgaben einzugehen. Über die Thesen soll Reicher, so die Überschrift, «mit dem Willen und der Hilfe Gottes öffentlich nach (seinen) Kräften […] Rechenschaft abzulegen versuchen» *(de quibus volente et adiuvante Deo publice pro viribus respondere* […] *conabitur)*.

S. St.

DE COMMODATO POSITIONES

AD DISPVTANDVM PROPOSITÆ: DE QVIBVS VOLENTE ET ADIVVANTE DEO, PVBLICE PRO viribus respondere, XXII. Aprilis in Academia Basiliensi GEORGIVS REICHERVS VLMENSIS, conabitur.

I.

COMMODATVM est conuentio, qua res gratis vtenda datur, ad tempus modum finemue certum, ea lege vt eadem ipsa reddatur.

II.

Ex hoc cōtractu duę oriuntur actiones: directa & contraria, quæ ciuiles sunt.

III.

Quæ intentari non possunt, nisi res tradita acceptaq; sit.

IV.

Directa datur ei, qui rem commodasse dicit: siue ea sit propria, siue aliena.

V.

Dabitur ergo furi & prædoni.

VI.

Nec illis Dominij quæstio referri poterit quòd Domini non sint: Nisi verus Dominus rem sibi restituere peteret.

VII.

Instituitur autem aduersùs eos, qui iustum consensum præstare possunt.

IIX.

Vnde aduersùs pupillum & furiosum non dabitur.

IX.

Si plures rem commodatò acceperint: siquidem ad restitutionem rei agitur vel eius æstimationem, pro parte tantū conueniri possunt.

X.

Quòd si tamen is conueniretur, qui totius rei restituendę facultatem habet, rectè solidum ab eo peteretur.

XI.

Idem est si hæc lex contractui dicta est, vt omnes in solidum teneantur.

XII.

Competit hæc actio ad ipsam rem in pristino suo statu restituendam, cum omni sua accessione.

XIII.

Quòd si res deterior reddita sit, deteriorationis interesse petetur.

XIV.

Si uerò res planè est deperdita: ipsa quidem res petetur: ad æstimationem autem præstandam reus condemnabitur.

XV.

In hac actione venit dolus & omnis culpa.

XVI.

Casum autem fortuitum commodatarius regulariter non præstat.

XVII.

Verum ne dolus præstetur, nulla pactione effici potest.

XIIX.

Contraria actio datur ei, qui commodatum accepit, vt indemnitati eius consulatur.

XIX.

Petuntur autem hoc iudicio maiores expensæ tantùm, in rem commodatam factæ.

XX.

Quæ si restitutæ non fuerint, commodatarius rei retinendæ ius habebit.

XXI.

Repetitur etiam res cōmodata, si ante vsum, in quem commodata est, ablata sit.

XXII.

Sed etsi quis rem vitiosam cōmodauit ad id quod interest, hoc iudicio conueniri potest.

BASILEÆ, ANNO SAL. PARTVS
CIↃ. IↃ. LXXIV.

3.7. «Ein Professor» – Illustration aus der Basler Trachtenfolge

Basler Trachten von Anno 1600, gezeichnet von Johann Rudolf Huber, geätzt von Johann Rudolf Schellenberg
Universitätsbibliothek Basel, Falk 1466:23, hier Abb. 15
Lit.: Huber 1798; Tanner 1987; Sieber 2000; Ribbert 2003.

«Ein Professor» – so ist der Herr betitelt, der auf der kolorierten Radierung der Basler Trachtenfolge in vornehmes Schwarz gekleidet posiert. Zur Abbildung ist zum einen zu sagen, dass sie wesentlich später entstand, als die dargestellte Kleidung getragen wurde, zum andern, dass sie gleich von zwei Personen abhängt: Der Maler Johann Rudolf Huber (1668–1748), in Basel geboren, später vor allem als Portraitmaler auch in Bern tätig, führte um 1700 ein Skizzenbuch, in dem er Basler Trachten aus dem vorangegangenen Jahrhundert festhielt – unter anderen auch den Professor, den wir vor uns haben. Später nahm sein Enkel Johann Rudolf Schellenberg (1740–1806), der sich auf illustrative Druckgrafik spezialisierte, zahlreiche Entwürfe Hubers als Vorlagen, nach denen er Druckplatten ätzte, die dem Original ausserordentlich nahe kommen (Thanner 1987, 104). Als Druck erschien die 20 Tafeln umfassende Trachtenfolge mit Trachten des 17. Jahrhunderts in einer deutsch-französisch beschrifteten Ausgabe um 1798; dort ist die abgebildete Figur mit «Ein Professor der Gottsgelehrtheit» betitelt (Huber 1798, Tafel 5).

Ob ein nicht näher bestimmter Professor oder ein Theologe: Im Vergleich mit den anderen Tafeln zeigt sich, dass sich die Kleidung der Angehörigen nicht nur des akademischen Lebens, sondern auch des Klerus und der Vertreter städtischer Politik und Verwaltung durchaus gleicht. Sie alle tragen Kniehose, Kniestrümpfe, Wams (vorne durchgeknöpftes Oberteil, das im 15.–17. Jahrhundert über dem Hemd getragen wurde) und Schaube (eine Art lange, mantelartige, vorne offene Jacke, die im 15.–17. Jahrhundert über dem Wams getragen wurde und deren Ärmel unterschiedlich gestaltet sein oder auch fehlen konnten), in der Regel alles in Schwarz, dazu Halskrause (auch Kröse genannt) und Handschuhe in Weiss. Unterschiede bestehen in wenigen Details wie zusätzlichen Umhängen, farblichen Nuancen oder unterschiedlichen Kopfbedeckungen. Der Stil dieser Kleidung ist geprägt von der «Spanischen Mode» (1560–1620), die – vorwiegend in Schwarz – Verzierungen an der Kleidung zugunsten einer neuen Nüchternheit eliminierte und die Halskrause in ganz Europa verbreitete. Nicht zufällig gleichen sich die Trachten aller Mitglieder des städtischen Bürgertums: Die ständische Gliederung der Gesellschaft wurde im 16. und besonders im 17. Jahrhundert noch unterstützt durch Kleiderordnungen, deren Ziel das Sichtbarmachen der Funktion und Position ihrer Träger in der ständischen Hierarchie war (Ribbert 2003, 28). Die Angehörigen der Universität waren von Anfang an durch eine Tracht, die sich aus der Klerikertracht entwickelt hatte und die in den am Dies Academicus getragenen Amtstrachten bis heute nachklingt, gekennzeichnet. Durch Kleiderordnungen wurde die Sichtbarkeit der Rangunterschiede in der universitären Hierarchie wie auch der einzelnen Fakultäten gewährleistet: Nicht nur die Dozenten, sondern auch die Studenten verfügten über eine – derjenigen der Professoren wohl nicht unähnliche, wenn auch bescheidenere – Tracht (Sieber 2000, 137–140). Dass solche Kleiderordnungen bei den Studenten nicht nur beliebt waren, lässt sich am Protest der Berner Studenten in den 70er Jahren des 17. Jahrhunderts ablesen: Ihnen war der Baselhut – ein schwarzer, kegelförmiger, für die bürgerliche Basler Kleidung des 17. Jahrhunderts typischer Hut, der offenbar das Standesabzeichen der Zeit darstellte – als Teil der Tracht vorgeschrieben, während sie einen breitrandigeren Hut bevorzugten (Ribbert 2003, 41).

Trotz der vielfältigen Kleidervorschriften bestand aber keine absolute Uniformität; die Tracht liess dem Einzelnen stets den ein- oder anderen Freiraum, so dass auch die Frage, ob der Dargestellte nun irgendein Professor oder ein Theologe sei, offen bleiben muss, denn: «Die Kleidung einer Person konnte … nur eine annähernde Einordnung ihres sozialen Standes ermöglichen» (ebd., 31).

L. M.

15.
Ein Professor.

Humanismus und Buchdruck

Nutzen und Vernetzung einer geistigen Bewegung

Universität, Buchdruck und Humanismus sind ein Dreigespann, welches im frühen 16. Jahrhundert das geistige Leben in Basel geprägt hat. Das war nicht von Anfang an so: Aeneas Silvius (→ 6.1.) war zwar ein prominenter Humanist, aber die Universität hat er in seiner Funktion als Papst gestiftet, und die Universität war ganz nach mittelalterlichen Vorbildern konzipiert. Unter den ersten Professoren war kein Humanist, und als man sich um einen Dozenten aus Italien bemühte, suchte man einen Rechtsgelehrten, denn die Jurisprudenz galt seit Jahrhunderten als Spezialität der norditalienischen Universitäten. Der erste Buchdrucker in Basel aber, Berthold Ruppel, begann seine Tätigkeit wie schon sein Lehrmeister Gutenberg mit einer grossen Bibel. Er sprach damit vor allem Kirchen, Klöster und zahlungskräftige Kleriker als Kunden an.

Ein Faden allerdings, welcher von der Universität zur Blüte des Basler Humanismus und Buchdrucks führt, ist zwar dünn, knüpft aber früh an: Johannes Heynlin (→ 5.1.) aus Stein bei Pforzheim, der in Paris studiert und dort humanistischen Kreisen angehört hatte, lehrte 1464 bis 1467 in Basel und führte dort die philosophische Richtung der ‹via antiqua› ein. Heynlins Schüler in Paris war Johannes Amerbach, und als sich beide in Basel wieder trafen – Heynlin ab Ende 1474 als Prediger, Amerbach ab 1477 als Buchdrucker –, begann eine intensive Zusammenarbeit. Amerbach unternahm auf Heynlins Anregung hin Gesamtausgaben der vier grossen Kirchenväter. Den Abschluss des letzten und umfangreichsten dieser Projekte, die Werke des Hieronymus, hat er nicht mehr erlebt, doch es sollte Erasmus von Rotterdam (→ 4.1.) zu seinem Nachfolger Johannes Froben führen, und Amerbachs Sohn Bonifacius, der Rechtsprofessor, ist des Erasmus bester Basler Freund und Testamentsvollstrecker geworden.

Diese Verbindung der Universität zu Humanismus und Buchdruck mag reichlich gesucht erscheinen, doch das liegt daran, dass wir eine ganze Gruppierung der Hohen Schule unbeachtet gelassen haben – die Studenten. Humanismus war ja kein Studienfach, er kam überhaupt nicht von den Universitäten her – unter seinen Vätern Petrarca, Boccaccio, Salutati und wie sie alle heissen, finden sich nur wenige Professoren. Dennoch war er die damals aktuellste geistige Bewegung. Mittelalterliche Traditionen über Bord zu werfen, dafür die unverfälschte Sprache der Alten sich anzueignen, ihre Schriften zu studieren, Verse in klassischen Metren zu schmieden, mit rhetorisch geschliffenen Reden zu überzeugen, wie Cicero in Briefen seine Kenntnisse, Gedanken und die eigene Persönlichkeit glänzen zu lassen und so ein Netzwerk von gleichgesinnten Freunden zu knüpfen, dafür konnten sich junge Menschen begeistern. Zum Neuen bekannten sie sich auch in ihrer Handschrift, indem sie mindestens einzelne Formen der um 1400 in Florenz aufgekommenen humanistischen Schrift verwendeten. Mancher Student empfing die neuen Ideen bei einem Aufenthalt an italienischen Universitäten, wie überhaupt da und dort die Begeisterung für das Land mitgespielt haben mag: Italien war reich, und die Renaissance stand dort in voller Blüte. Dazu kam, dass humanistische Bildung keineswegs eine brotlose Liebhaberei sein musste. Der Universitätsstifter Aeneas Silvius war dafür ein leuchtendes Beispiel: Nicht zuletzt dank seiner Beredsamkeit, seinen Schriften und seiner kunstvollen Korrespondenz war er zum höchsten Amt in der Christenheit aufgestiegen.

Bei den Druckern waren die Studenten wichtige Kunden: Seit jeher haben junge Leute, soweit sie es sich leisten konnten, an der Universität den Grundstock zu einer eigenen Bibliothek gelegt. In Basel selber erschienen viele Ausgaben von kirchlichen und wissenschaftlichen Autoren, dazu Fach- und Handbücher. Da der Buchhandel noch in seinen Anfängen stand, boten die Drucker zudem Literatur an, welche sie bei auswärtigen Kollegen eingetauscht hatten. Mit Texten italienischer Humanisten machte sich Johannes Amerbach einen Namen, er hat von 1486 an bei seinen Drucken die erste reine Antiqua-Type im deutschen Sprachgebiet verwendet. Zudem waren gebildete Leute, und das waren die Studenten, als Korrektoren und Lektoren gesucht, und mancher fand in den Offizinen nicht nur Verdienst, sondern knüpfte dort auch

Kontakte in der Stadt und darüber hinaus, legte so die Grundlage für seine spätere Laufbahn.

Ob und wie sich die Wendung vom mittelalterlichen zum klassischen Latein im akademischen Unterricht auswirkte, wissen wir nicht. Jedenfalls haben sich in Basel aus der zweiten Hälfte des 15. Jahrhunderts auffällig viele Terenz- und Vergil-Handschriften erhalten, welche von Studenten fleissig mit erklärenden Glossen versehen sind. Und am Rand des universitären Lehrbetriebes erschienen Leute wie der ‹Wanderhumanist› Peter Luder oder der Grieche Andronikos Kontoblakas, die in ihren Kursen die allermodernsten Kenntnisse zu vermitteln versprachen.

Mit der Zeit drangen humanistisch gebildete Studenten auch in den engeren Lehrkörper ein. Der bekannteste unter ihnen im 15. Jahrhundert ist Sebastian Brant, der seine Studien im Wintersemester 1475/1476 begann, 1484 zum Lizenziaten, 1489 zum Doktor der Rechte promovierte und 1496 schliesslich eine besoldete Professur erlangte. Wie Brant den Humanismus in seine juristische Lehre einbrachte, wissen wir nicht, doch las er auch über Poesie und war zudem publizistisch aktiv: Er äusserte sich in Einblattdrucken zu aktuellen Ereignissen, verfasste Gedichte in komplizierten horazischen Versmassen, und mit dem ‹Narrenschiff› (→ 4.2.) hat er eine viel gelesene und glänzend illustrierte Satire publiziert. Die Dozentur war nur eine Episode in seiner Laufbahn: 1501 ist er nach Strassburg gezogen und dort Stadtschreiber geworden.

Für diejenigen, welche die griechische Sprache studieren wollten, lockten in Basel die griechischen Handschriften, welche seit dem Konzil im Predigerkloster lagen. Johannes Reuchlin, einer der ersten deutschen Gräzisten, hat sie als Student 1474–1477 kennen gelernt und später einzelne Bände ausgeliehen, und Erasmus hat sie benutzt, als er 1516 bei Froben das Neue Testament zweisprachig, griechisch mit einer eigenen lateinischen Übersetzung, herausgab. Der stattliche Band war die erste zugängliche Edition des Urtextes und zugleich der erste Basler Druck, welcher einen umfangreichen griechischen Teil enthält.

Zur herrschenden wissenschaftlichen Richtung wurde der Humanismus mit und nach der Reformation, denn die Kirche vom Wust mittelalterlicher Traditionen zu befreien und die Heiligen Schriften in den Ursprachen zu lesen, das waren auch humanistische Anliegen. Dass allerdings die Dinge nicht ganz so einfach lagen, zeigte sich an der Haltung von Erasmus und Bonifacius Amerbach, um nur die prominentesten Gelehrten zu nennen, die den alten Glauben nicht aufgeben wollten. Dass Basel sich in der Folge nicht auf eine unduldsam reformierte Haltung festlegte, hat im 16. Jahrhundert zum Reichtum und zur Vielfalt des geistigen Lebens in der Stadt massgebend beigetragen.

M. St.

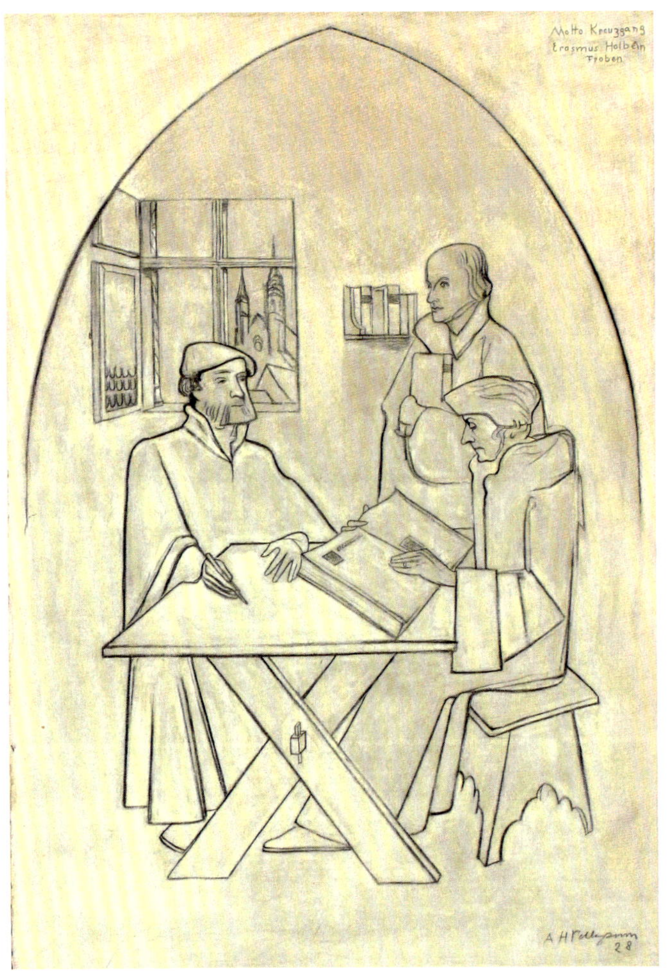

Alfred Heinrich Pellegrini, Motto Kreuzgang, Erasmus, Holbein, Froben, 1928. (Kunstsammlung der Universität Basel)

4.1. Eine Lebensgeschichte: Erasmus von Rotterdam

* ~1466, † 1536
Lit.: Holborn 1933; Allen 1958; Reedijk 1958; Augustijn 1996; Christ 2003; Leu 2007.

Im August 1514 kam Erasmus erstmals nach Basel. Er suchte Kontakt mit dem Drucker Froben. Kaum hatte die Universität von seiner Ankunft erfahren, lud sie den Literaten zu einem Essen ein, an dem der ganze Lehrkörper teilnahm (Allen 1958, Bd. 2, 22). Dabei waren seine wissenschaftlich bedeutendsten Werke, das erste zweisprachige griechisch-lateinische Neue Testament mit einer Fülle von gelehrten Anmerkungen und seine Kirchenvätereditionen, noch nicht einmal erschienen. Veröffentlicht waren das die Universitäten kräftig verspottende *Lob der Torheit*, ferner eine noch lang beliebte kommentierte Sprichwörtersammlung, sowie Übersetzungen aus dem Griechischen und kleine pädagogische und erbauliche Schriften. Diese waren es indes kaum, die die Basler Mediziner, Juristen, Theologen und Mathematiker dazu bewegten, dem illegitimen Priestersohn aus den Niederlanden ihre Zeit zu schenken, sondern ein heute fast vergessenes Werk: Die *De duplici copia verborum ac rerum commentarii duo* von 1512. Sie leiten mit Beispielen an, jeden möglichen Gegenstand sprachlich treffend, sowie stilistisch elegant und argumentativ überzeugend darzustellen. Im Anhang bieten sie eine Methode, Wissensstoff, den man sich im Laufe eines Lebens aneignet, in Heften, unter Stichworten geordnet, zu sammeln: die sogenannte Locimethode. Die *Copia* wurde begeistert aufgenommen, an den Universitäten als Lehrbuch benutzt, kommentiert, Auszüge in Tabellen zusammengestellt, und die Studenten angehalten, sich Locisammlungen anzulegen. Das Umstürzende an der Locimethode war, dass jeder sich seinen Wissensschatz nach seiner eigenen Systematik und unter seinen eigenen Stichworten notierte. So konnten ganz neue Zusammenhänge erkannt und aufgearbeitet werden. Berühmte und weniger berühmte Werke der folgenden Jahre beruhen auf dieser Methode, so z.B. die *Loci* von Melanchthon und der *Commentarius* von Zwingli, die ersten protestantischen Dogmatiken, aber auch die enzyklopädischen Werke von Konrad Gessner (Leu 2007, 327–342). Von Basler Dozenten sind handschriftliche und gedruckte Locisammlungen erhalten.

In einer Begleitschrift zu seinem Neuen Testament pries Erasmus die Methode nochmals und lehrte zugleich, den Bibeltext philologisch-kritisch zu lesen. Es galt den Kontext zu berücksichtigen, zu fragen, «woher das, was gesagt wird, stammt, von wem es gesagt wird, zu wem, zu welcher Zeit, bei welcher Gelegenheit und mit welchen Worten, was vorausgeht, was folgt» (Holborn 1933, 158). Seine Methodik leitete die historisch-kritische Bibelwissenschaft ein und wurde vom Basler Juristen Cantiuncula sogleich auf die Rechtswissenschaft übertragen. Nun konnten auch Gesetzestexte historisch-kritisch hinterfragt und interpretiert werden, um die Ergebnisse für neue Gesetze fruchtbar zu machen. Cantiuncula gehörte wie Ludwig Bär, Glarean (→ 3.1.), Wilhelm Copus und später Bonifacius Amerbach, Johannes Oekolampad (→ 8.1.) und Konrad Pellikan (→ 7.1.) zu den Universitätsprofessoren im grossen Freundeskreis um Erasmus, in dem der Humanist frei diskutierte und neue Ideen testete. Was hat Erasmus nicht alles an

Hans Holbein d. J., «Der schreibende Erasmus von Rotterdam», 1523. (Kunstmuseum Basel)

neuen kühnen Gedanken in seinen Basler Jahren entwickelt! Die Lehre vom gerechten Krieg hat er zurückgewiesen, das göttliche Recht neu definiert, die Freigabe der Priesterehe und der Ehescheidung mit Wiederverheiratung gefordert, ein ganz neues Bild von der Frau als gleichwertige Ehepartnerin gezeichnet und für sie dieselbe Bildung wie für den Mann verlangt (Christ 2003, 194–242).

Solche Ideen zu verfechten, wurde seit Luthers Auftreten gefährlich. Erasmus, der vehement Kirchenreformen forderte, aber vor einer Kirchenspaltung zurückschreckte, wurde mehr und mehr angegriffen und als Häretiker verschrien. Dass er 1529 aus dem protestantisch gewordenen Basel nach Freiburg zog, nützte ihm bei seinen romtreuen Kritikern wenig; für die Basler Universität aber war es ein Gewinn, dass er 1535 zurückkehrte, damals schon todkrank. Das Prestige seines Namens trug zu ihrer neuen Blüte bei (Reedijk 1958, 51f.).

Ch. Ch.-v. W.

4.2. Das Narrenschiff von Sebastian Brant

Daß Narrenschyff ad Narragoniam, Basel 1495 (GW 5046)
Universitätsbibliothek Basel, Ai II 22b:1, hier fol. 35v–36r
Lit.: Junghans 1964 (Edition); Könneker 1966; Knape 1992/1993; Voss 1994; Mähl 1998; Knape 2005 (Edition) u. 2005a.

Daß Narrenschyff ad Narragoniam gilt als das erfolgreichste deutsche Buch vor der Reformation. 1494 liess es sein Autor Sebastian Brant erstmals von Johann Bergmann von Olpe in Basel drucken. Noch im Erscheinungsjahr ist das Werk in Nürnberg, Reutlingen, Augsburg und Strassburg nachgedruckt worden und allein bis 1512 in sechs autorisierten (und zahlreichen nicht autorisierten) Ausgaben erschienen. Mit seinem Werk hat Brant zugleich die Gattung der Narrenliteratur hervorgerufen, die sich weit bis ins 17. Jahrhundert erstreckt (Mähl 1998, 462).

Brant (lateinisiert: Titio) wurde 1457 in Strassburg geboren, siebzehnjährig begann er das Studium der *Artes* in Basel. Von 1477 bis 1483/84 folgte die Jurisprudenz, 1489 wurde er promoviert und lehrte zehn Jahre lang ziviles und kanonisches Recht in Basel. Die Stadt war ein frühes Zentrum der jungen Buchdruckerkunst, die auch für Brants schriftstellerische Tätigkeiten sehr förderlich war. In seiner Zeit als Dozent gab er zahlreiche juristische Publikationen heraus und seit 1489, zusammen mit dem Drucker Johannes Amerbach, auch einige humanistische Textausgaben, darunter Werke der Kirchenväter Augustin und Ambrosius. 1494 veröffentlichte er eine Anthologie lateinischer Gedichte unter dem Titel *Carmina in laudem Mariae* (Gedichte zum Lob Mariens) (Mähl 1998, 464ff.). Am 10. Mai 1521 starb Brant in Strassburg, wo er seit dem Beitritt Basels zur Eidgenossenschaft 1501 lebte und eine Tätigkeit als Rechtskonsulent und Stadtschreiber ausübte.

1497 fertigte Brants Schüler Jacob Locher die lateinische Übersetzung des *Narrenschiffs* unter dem Namen *Stultifera Navis* an, die dem Werk auch Eingang in humanistische und gelehrte ausländische Kreise verschaffte. Locher selbst verglich das Werk Brants mit den italienischen Dichtern Dante und Petrarca und stellte gar eine Verbindung zu Homer her, dem ersten Dichter des Abendlandes (Knape 1992/93, 299). Schon bald entstanden französische, englische und niederländische Übersetzungen.

Wo lag die Ursache dieses Erfolgs? Die Gesellschaft, welcher Brants spätmittelalterliche Moralsatire den Narrenspiegel vorhält (s. *Vorred*, Z. 31), droht aus den Fugen zu geraten – von innen gefährdet durch diverse Auswüchse und Verirrungen, von aussen durch das Näherrücken der Osmanen (Könneker 1966, 10). In 112 Kapiteln äussert sich Brant zu so mancher Narretei, wie etwa zu törichten Plänen, schlechten Sitten oder den einzelnen Todsünden. Die Kapitel sind dabei eher locker aneinander gereiht, die Einheit liegt im Oberthema der Narrheit und der Schiffsallegorie (Knape 2005, 34). Brants didaktisches Ziel ist es, durch abschreckende Beispiele der Narrheit zu belehren – positive Gegenentwürfe bleiben rar (Voss 1994, 19f.). Es gilt: «Denn wer sich selbst als Narr eracht't / Der ist zum Weisen bald gemacht» (*Vorred*, Z. 41f.).

Einen wesentlichen Beitrag zum Erfolg des Narrenschiffs leisteten zudem die insgesamt 103 Holzschnitte, von denen mehr als zwei Drittel vom jungen Albrecht Dürer (1471–1528) angefertigt wurden. Sie gelten als die schönsten, die die Buchillustration der zweiten Hälfte des 15. Jahrhunderts hervorgebracht hat.

Die hier abgebildete Seite aus der zweiten deutschen Ausgabe des Narrenschiffs vom März 1495 zeigt das 27. Kapitel «Vom unnützen Studieren». Das Motto lautet: Wer nit die recht kunst studiert / Der selb jm wol die schellen růrt / Vnd würt am narren seyl gefůrt. Der Holzschnitt zeigt einen älteren, lesenden Gelehrten und zwei jüngere Studenten. Alle drei tragen die Narrenschellen an ihrer Kleidung. Im Kapitel selbst bemäkelt Brant, dass die Studenten, anstatt eifrig zu studieren, viel lieber «bůbelieren» (Z. 6), sich also wie kleine Kinder benähmen. Die Studenten verachteten alle Kunst und lernten vielmehr «Was vnnütz vnd nit fruchtbar ist» (Z. 9). Aber auch die Lehrmeister beschäftigten sich nach der Diagnose Brants nur mit torhaften Sophistereien, wie zum Beispiel «Ob hab eyn mensch / eyn esel gmacht» (Z. 14). Die Narrenschellen tragen sie deshalb zu Recht!

St. A.

Wer nit die rechte kunst studiert
Der selb jm wol die schellen rürt
Vnd würt am narren seyl gefürt

Von vnnutzem studierē

Der studenten ich ouch nit fyr
Sie hant die kappen vor zů stür
Wann sie alleyn die streiffen an
Der zippfel mag wol naher gan
Dann so sie solten vast studieren
So gont sie lieber bůbelieren
Die jugent acht all kunst gar kleyn
Sie lerent lieber yetz alleyn
Das vnnütz vnd nit fruchtbar ist
Das selb den meistern ouch gebrist
Das sie der rechten kunst nit achten
Vnnütz geschwätz alleyn betrachten
Ob es well tag syn/oder nacht
Ob hab eyn mensch/eyn esel gmacht
Ob Sortes oder Plato louff
Solch ler/ist yetz der schůlen kouff/
Syndt das nit narren vnd gantz dumb
Die tag vnd nacht gant do mit vmb
Vnd krützigen sich vnd ander lüt
Keyn bessere kunst achten sie nüt
Dar vmb Origenes/von jnn
Spricht/das es sint die frösch gesyn
Vnd die hunds mucken die do hant
Gedurechtet Egypten landt/
Do mit so gat die jugent hyen
So sint wir zů Lyps/Erfordt/Wyen
zů Heidelberg/Mentz/Basel/gstanden
Kumen zů letst doch heym mit schanden
Das gelt das ist verzeret do
Der truckery sint wir dann fro
Vnd das man lert vff tragen wyn
Dar vß würt dann eyn henselyn
So ist das gelt geleit wol an
Studenten kapp will schellen han

e iiij

4.3. Briefe des Erasmus

Des. Erasmi Roterodami epistolarum opus, Basel 1538 (VD16, E 2928)
Frey-Grynaeisches Institut, G I 20, hier S. 676/7
Lit.: Horawitz/Hartfelder 1886; Reedijk 1980.

Zwei Jahre nach Erasmus' (→ 4.1.) Tod gaben die Drucker Hieronymus Froben und Nicolaus Episcopius eine erweiterte Sammlung seiner Korrespondenz heraus. Der Folioband war ein Riesenerfolg und ermöglichte, die gediegene grosse neunbändige Gesamtausgabe von 1540–1542 zu finanzieren (Reedijk 1980, 32).

Die Frobensche Druckerei hatte seit 1518 mit Briefen von Erasmus, dem anerkannten Haupt der internationalen Gelehrtenwelt, viel Geld verdient. Sie verkauften sich gut, denn publizierte Briefe berühmter Forscher ersetzten die späteren wissenschaftlichen Journale. Bei Erasmus trugen noch sein hervorragender Stil und seine interessanten Korrespondenten zur Beliebtheit bei; neben den Gelehrten gehörten auch Päpste, Kaiser, Prinzen und Reformatoren dazu.

Erasmus vermied delikate Themen nicht, obwohl seine vertraulichen, zuweilen politisch hochbrisanten Briefe oft missbräuchlich weitergereicht und anonym veröffentlicht wurden. Briefausgaben dienten als Klatschspalten. Erasmus hat zunächst nicht gewagt, seine Briefe selbst zu publizieren. Nachdem bereits wilde Ausgaben erschienen waren, hat sein Freund Beatus Rhenanus autorisierte Drucke betreut. Erst ab 1529 gab Erasmus selbst seine Briefe heraus. Noch in dem in die Ausgabe von 1538 übernommenen Vorwort von 1529 hielt er fest, dass er seine Briefe für wenig bedeutend halte – er gebe sie nur heraus, weil das Publikum seinen Drucker Froben dazu dränge. Insbesondere versuchte er zu rechtfertigen, dass er so viele «liebe- und ehrenvoll geschriebene Briefe» an ehemalige Freunde, die im Glaubensstreit zu «Feinden» geworden waren, in die Sammlung aufgenommen habe. Sie würden, beschwichtigte er allfällige Kritiker, jenen ja eher zur Unehre gereichen.

Der aufgeschlagene, mitten im Sakramentsstreit geschriebene Brief von 1526 an den reformatorisch gesinnten Pellikan ist allerdings alles andere als liebevoll, im Gegenteil: voll harscher Vorwürfe. Hinterhältig wurde er anonym zusammen mit Antworten Pellikans noch im selben Jahr veröffentlicht. Pellikan hörte nicht auf, Erasmus zu verehren, und konnte sich kurz vor dessen Tod mit ihm versöhnen (→ 7.1.). Es schmerzte ihn noch 1546, dass die postumen Herausgeber 1538 diesen und zwei weitere gegen ihn gerichtete Briefe nicht ausgeschieden hatten (Horawitz/Hartfelder 1886, 557). Doch sie handelten sicher im Sinne des Erasmus. Der Humanist konnte und wollte Missverständnisse oder sich widersprechende Entwicklungen nicht unterdrücken. Zweideutigkeiten gehörten für ihn zur historischen Wahrhaftigkeit und zum menschlichen Leben. Gerade darum war er beim Briefschreiben im Element. Da konnte er gegenteilige Meinungen vorbringen, ohne endgültig Stellung zu beziehen, sich an ein Thema unsystematisch von verschiedenen Seiten herantasten und Fragen offen lassen.

Meisterhaft handhabt er solch offenen Stil auch in seinen Dialogen, den *Colloquia*. Schon um 1498, in seiner Pariser Studienzeit, begann er damit, Gespräche für seine Privatschüler zu entwerfen. 1518 wurde erstmals eine Sammlung gedruckt. Sie revolutionierte den Schulunterricht. Statt mit der Rute Grammatik eingebläut zu bekommen, konnten die Schüler mit den *Colloquia* spielerisch lernen. Zugleich wurden sie angeregt, sich mit verschiedenen Meinungen auseinander zu setzen und so zu einer toleranten christlichen Lebensweisheit zu finden. Die abwechslungsreichen Gespräche blieben als Schulbücher bis ins 18. Jahrhundert in Gebrauch.

Die *variatio*, die Erasmus und seine Zeitgenossen so liebten, gehörte für sie unbedingt zu einem guten Briefstil, und sie bestimmte auch den Aufbau von Erasmus' Briefeditionen. Ausdrücklich lehnte er im Vorwort ab, seine Briefe chronologisch oder systematisch zu ordnen, denn es sei die Abwechslung, die man bei dieser Gattung von Literatur am meisten liebe. Briefe waren für Erasmus Literatur. Er hat eine berühmte Anleitung zum Briefschreiben verfasst, die so abwechslungsreich ist, das man sie noch heute gern in einem Zuge liest.

Ch. Ch.-v. W.

676 EPISTOLARVM

ERASMVS ROT. CONRADO PELICANO S. D.

EVANGELII uigor non abolet morales uirtutes sed perficit. Nec ignoras quantum abhorreat non dicã à uirtute, sed prorsus ab omni humanitate prodere amicitiæ arcanum, quandoquidem execramur etiam illos, qui post diremptam amicitiam efferunt quod amicis creditum erat, & qui generosioris ingenij sunt, nec illis quos maxime inuisos habent sustinẽt obijcere, quod ex amicitiæ pristinæ fiducia cognouerunt. Ego te uel unum his moribus esse iudicabam, ut tuto quiduis arcani possem cõmittere, nec alium mihi delegeram cui conscientiæ meæ secreta crederẽ. Quo magis admiror, quid acciderit ut ea de me sparseris, quæ nec dixi nec cogitaui unquam. Instillaras clanculum in aurem optimi iuuenis, me de Eucharistia idem sentire quod tu sentires. Hunc iniectum aculeum ille secum ablaturus erat in suã patriam, ni forte fortuna casus iniecisset inter nos huius rei mentionem. Et haud scio an nunc quoque suspitionis nonnihil de me secum abstulerit. Ac primum quidem quũ illum audirem, suspicabar te nihil aliud sentire, quàm soles apud me profiteri. Damnabas eos qui auderẽt profiteri illic non esse nisi panem & uinum. Nec aliud opinatus sum unquã de te, nisi proximo colloquio, quũ uelut afflatus & alius factus absq; fuco declarabas animi tui sententiam. Eam quũ iam palàm profitearis, spargis ac dictitas me tecum sentire: idq; tam palàm facis, ut tuus sermo genuerit etiã rumorem, cuius te autorem esse, iam nulli ferè obscurũ est. Nec dubito quin similia scribas amicis. Ego uero ne in priore quidem sententia tecum sensi: Censebas enim, profitendum in synaxi esse corpus domini, cæterũ quomodo sit illic deo qui nouit omnia cõmittendum esse. Ego uero hoc tuæ sententiæ adijciebã, mihi istuc uideri simplicius, quod ita uitarentur uarij difficultatum labyrinthi, si phas esset homini Christiano ab eo dissentire quod conciliorum autoritas, quod omnium ecclesiarũ ac gentium consensus tot iam seculis comprobasset. Ad id semper negaui me posse animum inducere, præsertim quũ euangelicæ & apostolicæ literæ tam euidenter nominant, corpus quod datur, & sanguinem qui effunditur: quum hoc mirifice congruat ineffabili dei erga genus humanum charitati, ut quos redemit sanguine & corpore filij sui, eos uoluerit eiusdem carne & sanguine modo quodam ineffabili pascere, & hac arcana filij præsentia ceu pignore cõsolari, donec rediret gloriosus & omnibus conspicuus. Hæc me redderẽt pronsiorem ad ecclesiæ catholicæ sententiam, etiamsi nihil esset definitum, nec in hanc partem nec in illam. Nunc quis furor esset, si ego non uererer pronũciare ibi nihil esse præter panem & uinum? Soleo cũ amicis eruditis, maxime quũ absunt infirmi libere cõmentari de quibuslibet, inquirendi studio, nõnunquã & tentandi causa, interim animi gratia, hac in re fortasse simplicior quàm par est. Sed agnoscam etiã parricidij crimen, si quisquã mortalium uel serio uel ioco audiuit ex me hanc uocem, in eucharistia nihil esse præter panem & uinum, aut non esse ibi uerum corpus & sanguinem domini, quod nunc quidam libellis æditis propugnant. Imò Christum ipsum mihi precor parum propiciũ, si ista sententia unquã insedit animo meo. Nam si quid uolatiliũ cogitationũ aliquando tetigit animum meum, facile discussi, cõsiderata dei erga nos inæstimabili charitate, perpensis diuinæ scripturæ uerbis, quæ Lutherum etiã ipsum, quẽ uos omnibus scholis, pontificibus, orthodoxis, & concilijs antefertis, coegerunt profiteri, quod profitetur ecclesia catholica, à qua tamen solet libenter dissentire. Scio q̃ leuis sit apud uos conciliorum autoritas, ego uero nec ecclesiã Romanam contemno, multo minus quum illa habet sibi cõsentientes omnes ecclesias. Paulus nec angelum audiendum putat qui prædicet aliud euangelium. Ecclesia mihi persuasit euangelio credere: eadem magistra didici euangelij uerba interpretari. Hactenus cũ omnibus Christianis adoraui Christum pro me passum in eucharistia. Nec adhuc uideo quicquã quur debeã ab hac opinione recedere. Nullis humanis rationibus adduci potero à concordi sententia Christiani orbis. Plus enim apud me ualent illa quinque uerba: In principio creauit deus cœlũ & terrã, quàm omnia Aristotelis cæterorumq; philosophorũ argumenta quibus docent mundum carere initio. Quid aũt adferunt isti, quur tam impiã tamq; seditiosam sententiã profitear? Rationes stupeæ sunt, semel sustulit carnem ne esset offendiculo, non admirati sunt non adorauerunt apostoli. Iubemur esse spirituales, quasi caro sic exhibita officiat spiritui. Caro est, sed nullis obnoxia sensibus, & tamen hoc ipsum pignus est diuinæ erga nos charitatis, solatiũ est expectationis. Literæ di-

uinæ

LIBER XIX 677

uinæ pro nobis faciunt: habemus, Hoc est corpus meũ quod pro uobis datur: Hic est sanguis meus qui pro uobis effundetur. Vbi legunt isti: Hoc non est corpus meũ, sed signum corporis mei? Hic nõ est sanguis meus, sed signũ sanguinis mei? Quũ maxime se torquẽt, ægre docẽt ex alijs locis rei uocabulũ accipi posse pro signo rei: quanquã ne hoc quidem simpliciter. De tabula dicimus, hic est Hector qui occidit Patroclum, sed nemo nescit in pictura non esse uerum Hectorem: Verum esse potest quicquid dixit Christus esse. Iam ut euincãt, quid ponderis habet hæc ratiocinatio: Sic accipi possunt hæc uerba, igitur sic accipienda sunt? Quorsum autem proficit illis tot ueterum orthodoxorum citatio? Vtcunque torquent, inuoluunt ac fucant illorũ dicta, nullum locum adducunt qui palàm loquatur ibi non esse corpus & sanguinem domini. Hortantur ad spiritualem communicationem corporis & sanguinis domini, quid mirum si hoc cõmendant, quod in utriusq; sumptione potius est, & quod nisi accedat, perniciẽ adfert sumptio carnalis? Obsecro te quid hic est quur deficiã ab eo quod tot seculis docuit & usurpauit ecclesia catholica? Scis me in nullo dogmate per omnia sentire cũ Luthero, nisi quod nimiũ uere taxat corruptos hominum mores: Et hic ob Carolstadium, qui à suo ipsius dogmate iam desciuit, recedam à communione ecclesiæ catholicæ? Si tibi stuprum aut furtum confessus essem ut amico, q̃ esset aduersus omnes amicitiæ leges, hoc cũ amici periculo uel apud unum effutisse? Nũc quum apud omnes spargis crimen omniũ capitalissimum, quod nec lingua mea unquam sonuit, quamuis libera, nec animus unquã concepit: quo tandem nomine donandum est quod facis amice euangelice? An ad persuadendum quod nuper ipse cœpisti credere, uisum est abuti nominis mei autoritate? Quæso te per Christum hoccine est euangelicum, tam impium, tam atrox facinus cõminisci in amicum, quo plures pelliceres in nouam sectam, quasi iam sectarum sit parum? Si pium est, quod asseueras, non habes quo id persuadeas, nisi uanissimo cõmento, Erasmũ idem sentire quod tu sentis? Et si tanti est apud uos mea autoritas, quur nihil ualet in tam multis in quibus à uobis dissentio? Si tuus animus uacillat ut solebas profiteri, qui nihil tribuis autoritati pontificum & conciliorum, meum animum hactenus confirmauit ecclesiæ catholicæ consensus. Si tibi persuasum est in synaxi nihil esse præter panem & uinum, ego membratim discerpi malim, quàm idem profiteri quod tu profiteris, & omnia perpeti malim, quàm tali flagitio contra meã ipsius conscientiam admisso, ex hac uita demigrare. Nec hic iustissimã expostulationem uerbis atrocibus exaggero: Res ipsa satis habet tragœdiæ. Si micam ullam habes euangelici spiritus, sanabis quos istis susurris uanissimis infecisti. Patiar apud omnes effutire te, quicquid unquam in familiaribus colloquijs uel uuidus uel ioco uel serio dixi, non patiar aũt ut istius dogmatis me uel autorem facias, uel comitem, quod mihi nunquam fuit, nec in ore nec in corde: Ita mihi contingat nunquã à Christo seiungi, Amen. Basileæ millesimo quingentesimo uigesimo sexto.

ERASMVS ROT. CONRADO PELICANO S.

DEMIROR quamobrẽ tibi uisum sit istiusmodi epistolis ociose loquacibus, multaq; ἀπροσδιόνυσα congerentibus, & tuum perdere ocium & mihi facessere negocium. Lingua disertus es non calamo: Quare si quid habes, coràm posthac agito. Posueram dimidium suspitionis, at tu totã eam renouas. Profiteris tibi placere sententiã Carolstadij, nec inficiari potes te dixisse Polono me tecũ sentire. Id si uerũ esset queri poterã uiolatum amicitiæ ius, nunc quũ sit falsissimũ, quę potest esse iniuria atrocior? Minitaris mihi calamum Zuinglij, quasi metuam decem Zuinglios, si mihi res esset cordi. Quod aũt dedecus mihi narras? An mihi dedecori futurum sit, si uerear oppedere decretis ecclesiæ catholicę? An uos mihi pręscribetis quid debeã scribere? An mihi nõ licet, quod licet Luthero, qui nisi fallor, totis copijs uos adorietur? An creditis nullos hic in uos stricturos calamũ? Si quod agitis ex deo est, cõfirmabitur oppugnando: Si non est, piũ est pugnare cũ impietate. Quorsum aũt attinẽt minæ? Apostoli persuadebant, & uos uultis cogere ad euangelium uestrum? Iam finge nihil me uelle scribere, non poteras efficacius huc impellere, quàm spargendo rumorem me uobiscum sentire, & interminando ne scribam. Vester Pharellus simile mendacium instillauit in aurem Anglo nostro, me rectè sentire, sed nõ audere profiteri. Et hæc audet instillare auribus hominum, conscius quàm acris mihi fuerit de omnibus ferè Lutheri dogmatibus cum ipso

Ll 3 contentio

4.4. Die Cosmographia von Sebastian Münster

Cosmographiae universalis lib. VI, Basel 1550 (VD16, M6714)
Universitätsbibliothek Basel, EV II 1, hier S. 407
Lit.: Burmeister 1963; Raupp 1993; McLean 2007; von Greyerz 2008.

Als «deutscher Esra und Strabo» wird Sebastian Münster auf seiner Grabinschrift gerühmt (im Basler Münsterkreuzgang, nicht erhalten, Burmeister 1969, 193f.): Gemeint ist, dass er zugleich ein grosser Hebraist und Geograph war. Heute ist er vor allem als Autor der «Cosmographia» bekannt, doch auch sonst ist sein Leben und Wirken von grösstem Interesse – nicht zuletzt für die Geschichte der Universität. Obgleich nur wenige Jahre jünger als Luther (er wurde 1488 im Elsass geboren), kann man ihn nicht mehr eigentlich der Gruppe der Reformatoren zuordnen, auch nicht denen in zweiter oder dritter Reihe. Als der Zeitpunkt gekommen war, stellte er sich zwar klar und ohne zu zögern auf die Seite der neuen Lehre, doch ist seine Karriere eher die eines Gelehrten und Humanisten als die eines Reformators. Als solcher freilich trug er sehr dazu bei, der Stadt und Universität im reformierten Sinne Profil und Ausstrahlung zu geben.

Mit 17 Jahren war er dem Franziskanerorden beigetreten, der es ihm ermöglichte, eine umfassende und hochstehende Ausbildung zu bekommen. Schon als Student entdeckte er seine Liebe zum Hebräischen, die ihm zur Lebensaufgabe werden sollte. Diese Liebe wurde gefördert durch den väterlichen Freund und Lehrer Konrad Pellikan (→ 7.1.), der damals dem Kloster Rufach im Elsass vorstand, in dem Münster einige Jahre verbrachte. Nach der Priesterweihe 1511 folgte er seinem Lehrer nach Pforzheim. Ein erster Aufenthalt in Basel, im Barfüsserkloster, ist für die Jahre 1518–1520 belegt; damals muss auch der erste Kontakt mit reformatorischem Gedankengut stattgefunden haben. Von dort ging Münster nach Heidelberg, um Hebräisch zu lehren.

Als in Basel 1529 die Reformation eingeführt wurde, war damit eine schwere Krise der Universität verbunden (→ 8.). Oekolampad war deshalb daran interessiert, so schnell wie möglich hervorragende Gelehrte nach Basel zu holen, um nicht den Eindruck entstehen zu lassen, die neue Bewegung sei bildungsfeindlich. Sebastian Münster folgte gern dem Ruf nach Basel. Er verliess Heidelberg und hängte sein Ordensgewand an den Nagel – nicht, dass es nicht aus Überzeugung geschehen wäre, doch war die Übernahme des Basler Lehrstuhls natürlich eine attraktive Alternative. Er blieb der Stadt und der Universität bis zu seinem Tod 1552 erhalten. Zusammen mit Johannes Reuchlin und seinem Lehrer Pellikan gehörte Münster zu den ersten Gelehrten, die das Studium des biblischen Hebräisch im deutschen Sprachraum einführten. Seine Publikationen auf diesem Gebiet, darunter Wörterbuch und Grammatik, begründen seinen bleibenden Ruf als Gelehrter.

In Basel heiratete Münster die Witwe des Buchdruckers Adam Petri – eine vermutlich nicht zuletzt ökonomisch attraktive Wahl. Doch auch professionell zahlte sie sich aus. Seine Bücher erschienen fortan im Verlag seines Stiefsohnes Heinrich Petri, der diese grosse Druckerfamilie auf den Zenit ihres Ruhmes führen sollte. Vielleicht auch dem geschäftlichen Geschick von Petri ist es zu verdanken, dass Münsters «Cosmographia» seine bekannteste und vor allem auch kommerziell erfolgreichste Publikation werden sollte (zuerst erschienen 1544, bedeutend v.a. die zweite Auflage von 1550, diverse Übersetzungen und weitere Drucke, McLean 2007, 143–188). Diese hatte mit Hebraistik nicht viel zu tun, sondern spiegelt das andere grosse Interessengebiet ihres Verfassers wieder: die Geographie – und doch noch mehr als nur das. Ähnlich wie in Schedels Weltchronik (→ 2.2.) das gesamte Weltwissen im Gerüst der Chronographie präsentiert wurde, gab hier die Geographie den Rahmen ab: Nach Ländern und Städten geordnet, erfährt der Leser alles Wissbare und Wissenswerte über Geschichte, Kulturen und Völker der Welt – noch dazu in unterhaltsamer und anschaulicher Form. Das Buch ist durch zahlreiche kleine und grosse Abbildungen bereichert. Natürlich ist das Kapitel über Basel besonders ausführlich: Dort findet sich ein rührendes Bild des Erdbebens von 1356, das früheste Bild der Ruinen des (damals noch nicht ausgegrabenen) Theaters von Augusta Raurica und eines der seltenen Einzelporträts: der Humanist Erasmus, für den Münster eine besondere Verehrung hatte.

Im Jahr 1547/48 bekleidete Münster das Amt des Rektors der Basler Universität. Sein Eintrag in der Matrikel zeigt den veränderten Geist: Nicht mehr ein prächtiges Adelswappen steht am Beginn seines Rektorats, sondern Bibelverse in hebräischer Sprache, kalligraphisch ausgeschmückt, und sogar die Jahreszahl nach dem jüdischem Kalender (Wackernagel 1956, 50). Als Rektor wurde Sebastian Münster von Christoph Amberger gemalt. Dies Porträt kam zu später Ehre, als es 1962 für den Hundertmarkschein in Deutschland ausgewählt wurde (verwendet bis 1991). Die wenigsten werden sich beim Bezahlen klar gemacht haben, dass sie mit einem Basler Rektor zahlten!

M. W.

menclaturā sciens omitto, quos ipse nosti, & in quorum numero tu ob uariam eruditionem καὶ πολυγραφώτερος, uel inter antesignanos referendus uenis. Bene uale uir ornatiss. Calen. Augusti, anno à Christo seruatore nato M. D. XLIX. Basilea.

SEBASTIANVS MVNsterus ad lectorem.

Quũ eximius uir, memoratus dominus, Bonifacius Amerbachi⁹ Erasmi Roterodami nobis effigiē à nobilissimo huius temporis pictore Iohanne Holbeinio coloribus ad uiuũ bene feliciter expressam cõmunicarit, exemplum inde utcunque desumptum, in gratiam sui studiosorũ apponere libuit, ut eā non solum aduersam & integram, qualem suprà in Holandię descriptione proposuimus, sed & luscam, nempe altera duntaxat mala eminente, haberent.

De episcopatu Basiliensi.

Svnt qui scribunt primum episcopum Basiliensem fuisse Panthalũ, eoq; extitisse tempore, quo undecim millia uirginum pro Christo passæ leguntur. Sed quum multi de illa historia dubitent, relinquo cuiuis suum iudicium. Hoc quidem certò inuenio, tempore Pipini, patris Caroli Magni, anno scilicet Christi plus minúsue 740. Walanũ fuisse episcopum Basiliensem, atque eidem successisse Baldebertum. Deinde sub Carolo Magno fuit episcopus in ea urbe, Hatto uir doctus, qui antea in Richenow abbas fuit, quo Carolus Magnus usus est legato ad Imperatorem Constantinopolitanum, adiunctis ei comite Turonensi ex Gallia & Anniano Aquileiensi ex Italia, qui pacem facerent inter Imperium orientale, cui Nicephorus præfuit, & occidentale quod iam nouum & ab orientali seiunctum, exortum fuit. Obijt Hatto ille anno octingentesimo tricesimo sexto. Nec dubitandum, quin huius antistitis tempore ecclesia Basiliensis magnifice dotata fuerit terrarum dominio & opulentia, etiamsi hodie nullæ huius donationis extent literæ. Scribit Hermannus Contractus Basileam ab Hunis destructam, quum sæui illi homines per Alemanniam in Burgundiam & Galliam armata manu anno Christi octingentesimo nonagesimo septimo contenderent. Deinde anno Christi 917. rursum est deuastata per eandem hominum colluuiem, quum transirent per Sueuiam, Alsatiam & Lotharingiam. Anno Christi millesimo decimo fuit per Henricum sanctum Rom. Imperatorem, collapsum Ba-

Hatto episcopus Basilien.

N 2 silieñ.

4.5. Verkehrtes Basel in Gerbels Descriptio Graeciae

Nicolaus Gerbel, Descriptio Graeciae, Basel 1545 (VD16, G1451; GG 293)
Universitätsbibliothek Basel, EA II 43:1, hier S. 40
Lit.: Baer 1932, 94–96 u. 136–142; Tolias 2006.

Das Buch und das (seitenverkehrte) Basel-Bild ist nicht nur ein Kuriosum, sondern auch ein Musterbeispiel für die Vernetzung des humanistischen Wissenschafts- und Buchdruckbetriebes. Zum Verständnis des Hintergrundes mag man sich an eine erstaunliche und rein zufällige Koinzidenz erinnern: Die Eroberung Konstantinopels durch die Osmanen 1453 fiel zeitlich fast genau mit der Erfindung des Buchdrucks zusammen. Durch die Flüchtlinge aus Griechenland kamen viele Manuskripte und auch lebendiges Bildungsgut genau im rechten Moment nach West- und Mitteleuropa: gerade recht, um den Hunger der Humanisten und Drucker nach griechisch-klassischer Kultur zu stillen (doch dabei auch immer neu anzufachen). Der Grieche Nikolaos Sophianos aus Korfu (das von den Osmanen belagert, doch nie dauerhaft erobert wurde) war zu Ausbildungszwecken nach Italien gekommen und entdeckte dort seinen «Markt». Als Geograph seiner griechischen Heimat wurde er berühmt; seine Landkarte Griechenlands wurde immer wieder gedruckt und verbessert.

Der Basler Druck erschien zuerst bei Johannes Oporin 1544 (Tolias 2006); die Ausgabe im darauf folgenden Jahr wollte der Drucker durch eine ausführliche landeskundliche Einleitung ergänzen. Diese «Beschreibung Griechenlands» verfasste der Strassburger Humanist Nikolaus Gerbel, ein Kleriker und Akademiker mit grosser internationaler Karriere, der schon früh zu den Freunden Martin Luthers zählte und die Reformation in Strassburg begünstigte. Nun war dem Verleger die gelehrte Arbeit Gerbels nicht genug. Zum Verkauf wäre es zweifellos förderlich gewesen, wenn das Buch auch eine konkrete Anschauung Griechenlands geboten hätte. Daher gab er Holzschnitte zur Illustration der erwähnten Städte in Auftrag. Dass man über das tatsächliche Aussehen dieser Städte nicht viel wusste, störte dabei kaum: Auch der potentielle Leser wusste ja nicht mehr.

Die meisten Stadtabbildungen in dem Buch sind reine Phantasieprodukte. Ausnahmen sind nur die Städte Thessaloniki, Megalopolis und Kalydon, für die Ansichten von Basel, Zürich und München verwendet wurden. Gewiss – das Basler Bild erscheint seitenverkehrt (aus Versehen), aber ob diese Verfremdung genügte, um den (zumal) Basler Käufer über den Schwindel hinwegzutäuschen? Es mag ihm wie Ironie gewirkt haben, wenn die Beschreibung Thessalonikis mit dem Satz beginnt: «Diese Stadt liegt, wie du siehst, an einem wunderschönen Ort, und sie ist so gelegen, dass sie sich dem Anblick sofort öffnet.» Diesen Eindruck konnte man erwecken, indem man den Rhein fast wie mit einem Weitwinkelobjektiv so weit ausbreitete, dass er der lieblichen Meeresbucht von Thessaloniki ähnelte.

Die gewählte Perspektive ist dem heutigen Betrachter einigermassen vertraut, denn man sieht etwa von der Mitte der Johanniterbrücke so auf die Altstadt. Doch für das 16. Jahrhundert war diese Perspektive von der Rheinmitte ungewöhnlich. Als Vorlage diente eine kleine, doch ungemein detaillierte Federzeichnung des Basler Künstlers Conrad Morand, der in Strassburg lebte (s. Abb. auf S. 34, vgl. Hans Kögler, in: Baer 1932, 136–142). Tatsächlich sind die Holzschnitte nicht in Basel, sondern in Strassburg in Auftrag gegeben worden, und eine unmittelbare Kontrolle der Stadtansicht am Original hat nicht stattgefunden. Um Thessaloniki zu illustrieren, war das auch nicht nötig – im Gegenteil versetzte man aus ästhetischen Gründen einen wehrhaften Turm von St. Johann auf die Kleinbasler Seite, und viele Details sind der buchstäblich und übertragen «holzschnittartigen» Neufassung zum Opfer gefallen.

Das Ineinander und Miteinander von gelehrter Arbeit, künstlerischer Sorgfalt, kaufmännischen Interessen, internationalen Verbindungen und klassisch-antiker Grundorientierung macht aus diesem Buch ein typisches Zeugnis seiner Zeit.

M. W.

THESSALONICE.

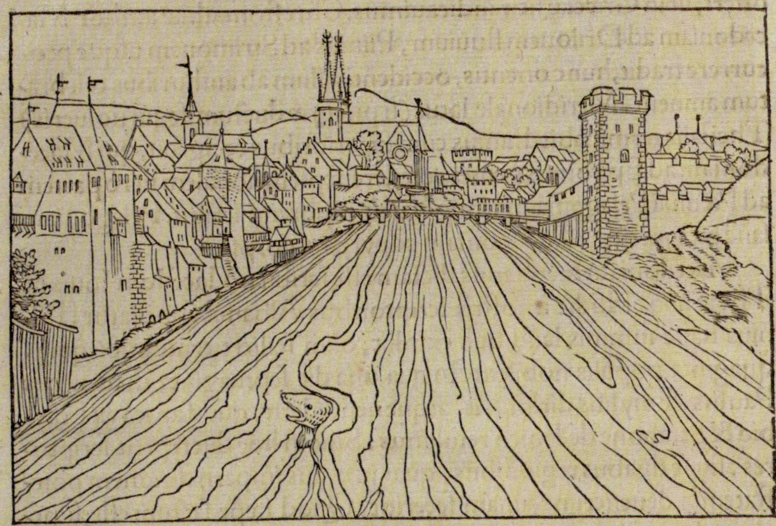

HÆc urbs (ut uides) loco pulcherrimo, atq; sese statim oculis offerenti posita est, ferè in intimo Thermaici sinus recessu. Inter duo illustria flumina, Chabrim ab ortu, & Echedorum ab occasu. à septentrione Amphaxitis regiuncula urbi incumbit. à meridie Thermaicus sinus, eam anguloso secessu flexuq; amplectitur. Prius dicta fuit Therme, à qua sinui nomẽ impositum crediderim. Deinde cùm Alexandri Magni successores rerum potirentur multarum urbium nomina sunt immutata. Cassander, qui Thessalonicen condidisse dicitur, eam hoc nomine à Thessalonice uxore sua, & Philippi regis filia nominauit. Tametsi authores habeam, qui eam à Philippi Amyntæ filij uictoria sic appellatam dicant, quod eò loci Thessalos ingenti prelio superauerit. Hoc nomẽ Constantij imperatoris temporibus admodum argutè & sapienter quidam Satrapa ad omen traxit. Cum enim Constantius in his locis ad pugnam à Sarracenis eliceretur, noctu somniũ habuit, quo clarè uidit, sese in Thessalonica esse. Verùm Satrapa, sollerti uir ingenio, futuram Imperatoris cladem animo præsentiens, à pugna Constantiũ dehortatur, longè secus quàm Imperatori uisum fuerat, Thessalonicen interpretatus, hunc uidelicet in modum, θὲς ἄλλῳ νίκην. Expositionem Satrapæ belli euentus declarauit. Commisso enim inter Constantium & Sarracenos prælio, Sarraceni uictores, totum mare cruore & cadaueribus impleuerunt. Strabo eam Thessaloniciam uocat, & præ cæteris Macedoniæ urbibus εὐανδρεῖν, quòd scilicet (ut Theodoritus elegantissimè dixit) πολυάνθρωπος fuerit, atq; fortium bonorumq; ciuium frequentia abundauerit. Neque uerò situ tantum

(ut

5. Universalienstreit

Flügelkämpfe der Artistenfakultät

Lit.: Vischer 1860; De Libera 2005.

«Weder Magister noch Basler Studenten dürfen ankommende Studenten der Artistenfakultät ködern oder anlocken oder die Neuankömmlinge für ihren Weg oder ihre Burse einnehmen. Auch dürfen sie ihnen nicht auf der Rheinbrücke noch an einem anderen Ort entgegenlaufen, bei Strafe von sechs Gulden zu Gunsten der Universität» (*Liber statutorum studii Basiliensis 1459–1609*, → 3.4., fol. 13r). Als diese Statuten erlassen wurden, herrschte zu Semesterbeginn offenbar reges Treiben auf der Mittleren Brücke. Was auch als «keilen» bezeichnet wurde, das Anwerben von Neuankömmlingen für eine Burse, wurde unter Strafe gestellt.

Auf der Basler Rheinbrücke trug sich um diese Zeit im Kleinen zu, was in die europäische Geistesgeschichte im Grossen als Universalienstreit eingegangen ist. Er führte im 15. Jahrhundert zu einer Aufteilung der europäischen *academia* in zwei Parteien, die *moderni* einerseits, die *antiqui* andererseits, und während einiger Jahrzehnte entbrannten zwischen ihnen leidenschaftliche, ja kämpferische Auseinandersetzungen. Es gab Universitäten, an denen beide Wege, die *via antiqua* und die *via moderna* zugelassen waren, doch profilierten sich viele junge Hochschulen des 15. Jahrhunderts durch den Schwerpunkt auf einem Weg. So lehrte man an den Universitäten von Heidelberg und Erfurt vor allem auf dem modernen, und das heisst zunächst: jüngeren Weg, während sich Paris, Köln und Löwen an den alten Weg hielten.

Die Basler «Hohe Schule» hatte seit ihrer Gründung besonders enge Beziehungen zur Universität in Erfurt, der damals grössten Universität im deutschen Sprachgebiet. Der Basler Rat und die Gründungsväter der Universität lehnten sich in den ersten Statuten inhaltlich eng an die Erfurter Ordnungen an, ein Grossteil der ersten Magister der Artistenfakultät kam dorther, wie sich auch in Erfurter Matrikeln viele Namen mit dem Zusatz *basiliensis* fanden. Dieser personelle Zusammenhang sowie finanzielle Einschränkungen bedingten wohl – die ersten Statuten der Artistenfakultät sind nicht erhalten – die ausschliessliche Einführung des modernen Wegs in Basel (Vischer 1860, 140–142). So entstand ein Lehrplan, der den Schwerpunkt in der philosophischen Logik bei der Frage setzte, wie sich unsere Sprache zu dem verhält, was sie bezeichnet, und nicht etwa umgekehrt. Nach Auffassung der *moderni* entschied nämlich der Wortsinn eines Satzes über dessen Wahrheit, logische Wissenschaft gab es nur von Begriffen *(termini)* und von Sätzen *(propositiones)*, nicht von Dingen *(realia)*. So jedenfalls fassten die *antiqui* den modernen Standpunkt im Jahre 1340 zusammen, als an der Pariser Universität ein Statut erlassen wurde, das in mehreren Schritten die *via moderna* aus der Artistenfakultät der Sorbonne verbannen sollte. Sie setzten damals einen Lehrplan durch, der beim Studium der Logik die klassischen Autoren heranzog, in erster Linie also Aristoteles, Thomas von Aquin und Averroes, den *Commentator* der aristotelischen Werke. Mit diesen und weiteren Autoritäten betonten die *antiqui* in Paris, dass unsere Begriffe und Kategorien einen Anhalt in den Dingen haben, Wissenschaft also von *realia* handelt (De Libera 2005, 439).

Basel geriet durch Paris in den Wegestreit. 1464 kam der Magister der Sorbonne Johannes Heynlin (→ 5.1.), nach seinem Geburtsort Stein bei Pforzheim *a lapide* genannt, an die junge Universität und brachte das Gesuch vor, in Basel *in via antiqua* lehren zu dürfen. Die Fakultät aber plädierte in einem Gutachten an den Rat der Stadt für die Beibehaltung nur eines Weges, der allerdings nicht zwangsläufig die seit vier Jahren geltende *via moderna* sein müsse. Nur wenn man einem Weg allein folge, würden auch weiterhin Frieden, Ruhe und Ordnung erhalten bleiben. Die Basler Ratsherren hatten jedoch andere Prioritäten und betonten, dass «die Stadt, an den Grenzen mehrerer Nationen gelegen, zur Aufnahme mehrerer Völker fähig ist und deshalb nicht verboten werden darf, dass auch Gebildete verschiedener Künste herbeigerufen werden … Denn der menschliche Geist schärft sich für gewöhnlich an der Vielfalt der durch bewährte Männer hervorgebrachten Argumente» (Ordnung zur Einführung beider Wege an der Artistenfakultät in der Fakultätsmatrikel; → 5.3., p. 19). Von 1464 an wurde also in beiden Wegen gelehrt, studiert und promoviert, und Johannes Heynlin, der aus Paris gekommene Magister der *via antiqua*, wurde zum ersten Dekan der reformierten Artistenfakultät gewählt.

Die Ordnungen und Statuten dieser Jahre sind geprägt durch ein sorgsam ausbalanciertes Gleichgewicht der Kräfte. Alle Gremien wurden paritätisch mit Mitgliedern der *via antiqua* und der *via moderna* besetzt, der Dekan sollte semesterweise zwischen beiden Wegen alternieren, und unter Strafe war es verboten, einen Studenten oder Magister von seinem jeweiligen Weg abzubringen. Bemerkenswert wenig ist in den Archivalien über die inhaltlichen Differenzen der Parteien überliefert, wie überhaupt eine doktrinale Trennung zwischen *antiqui* und *moderni* ihre Schwierigkeiten hat. Wie, so mag man fragen, konnte es dann zu diesem Gegensatz kommen?

Ein Grund dafür liegt im mittelalterlichen Universitätsbetrieb selbst, in dem die sieben freien Künste weit mehr als nur propädeutischen Charakter hatten. In der Vorbereitung auf den *Baccalaureus* und den *Magister artium* wurden vielmehr methodische und logische Vorentscheidungen getroffen, die an den höheren Fakultäten (Theologie, Jurisprudenz, Medizin) folgenreich waren. Vor allem die Theologen sahen in der «Sprachlogik» der *moderni* die Gefahr, dass aus ihr ein mangelnder Respekt gegenüber dem Text der Bibel folge. Wenn, so argumentierten schon 1340 die Gegner der neuen Logik, ein Satz aus sich selbst heraus wahr oder falsch sein kann, dann gilt das auch für die Sätze der Heiligen Schrift, was gefährlich ist *(quod est pericolosum)*. Die Wahrheit insbesondere eines biblischen Satzes begründe sich aber von der zu Grunde liegenden Materie her, also von dem her, was der Satz bezeichnet (Chartularium Universitatis Parisiensis, no. 1042, in: Denifle 1889, Bd. 2, 506). Es waren solche Verdächtigungen, denen die Verurteilungen des einen wie des anderen Weges folgten und die die Universitäten durch alle Fakultäten hindurch spalteten.

Titelbild der Inkunabel «Resolutorium dubiorum circa celebrationem missarum occurrentium» von Johannes Heynlin, Köln um 1498. (Bayrische Staatsbibliothek München)

Die Basler Artistenfakultät erreichte durch die Einführung beider Wege (→ 5.3.) eine frühe und kurze Blütezeit. Aus allen Richtungen kamen neue Studenten und Gelehrte, belebten den intellektuellen Diskurs und trieben die Zahl der Absolventen in die Höhe. Doch verhärteten sich auch die Fronten, so dass sich ab 1470 eine Doppelstruktur herausbildete, die im Matrikelbuch als «Spaltung der Fakultät» *(divisio facultatis)* überliefert ist. Es regierten fortan zwei Dekane zugleich, ein *modernus* und ein *antiquus*, es entstanden Bursen oder Wohnheime beider Parteien, in denen die Studenten auf ihrem jeweiligen Weg lernten, und die Wege konkurrenzierten sich zusehends heftiger. Auseinandersetzungen, wie sie durch das Verbot zu keilen belegt sind, mag es viele gegeben haben, doch eskalierte der Streit im Jahre 1487, als zuerst der Dekan des modernen Weges das Siegel der Fakultät entwendete. Daraufhin trug die Gegenseite ihrerseits zum Erliegen des Lehrbetriebs bei, indem sie das Matrikelbuch verschloss. Die Affäre kam vor den der *via antiqua* zugehörigen Rektor, dessen Schlichtung erfolglos blieb, und wurde erst beendet, nachdem die Seite des modernen Weges angedroht hatte, den Heiligen Stuhl anzurufen (Vischer 1860, 173–175). Die Nachwirkungen dieses Konflikts, doch vor allem der massive Rückgang der Studenten *in via antiqua* führten schliesslich zur Aufhebung beider Wege und zur Wiedervereinigung der Fakultät im Jahre 1492 (→ 5.4.). Die artistischen Flügelkämpfe in Basel waren beendet; der Universalienstreit – an dem «das Merkwürdigste ist …, dass die Universalien, nach denen er benannt ist, in ihm gar keine Rolle spielen» (De Libera 2005, 442) – blieb für die Universität Basel eine Episode.

F. W.

5.1. Eine Lebensgeschichte: Johannes Heynlin a Lapide

* ~1430, † 1496
Lit.: Hossfeld 1907/1908; von Scarpatetti 1983.

Die Bibliothek der Universität bestand in den ersten Jahrzehnten nach deren Gründung aus einem Raum im Kollegienhaus am Rheinsprung mit einem bescheidenen Bestand an Büchern. Weit bedeutender waren die Klosterbibliotheken der Stadt, unter denen diejenige der Kleinbasler Kartause einen besonders prominenten Rang innehatte. Ihr massgeblicher Stifter war Johannes Heynlin aus Stein, Scholastiker, Humanist, Prediger, Lehrer für den Humanismus sowie zuletzt Kartäusermönch. Geboren um 1430 in Stein bei Pforzheim führte Heynlin ein rastloses Leben in dem sich abzeichnenden Widerstreit von Scholastik und Humanismus, nahm eine zentrale akademische Rolle ein und zog sich schliesslich in radikale Askese und Abgeschiedenheit zurück. Seine Bibliothek zählte über 300 Bände, eine für das 15. Jahrhundert ausserordentliche Grösse. Sein eigenes Œuvre jedoch umfasst nur wenige Werke und zeichnet sich nicht zuerst durch inhaltliche Originalität aus, sondern durch den Versuch, eine als klassisch zu bezeichnende Bildung zu bewahren. Heynlin hing nicht den neueren Tendenzen der Philosophie und Theologie an *(via moderna)*, sondern stellte seine vielfältigen Tätigkeiten in den Dienst der bewährten und seit Jahrhunderten praktizierten Wissenschaft *(via antiqua)*.

1464 siedelte Heynlin erstmals mit einigen akademischen Freunden von Paris an die junge Universität in Basel über. Er konnte sich als Magister *in via antiqua* gegen die in Basel bis anhin allein geltende *via moderna* durchsetzen und gab der Artistenfakultät sogleich neue Statuten, die ein gleichberechtigtes Nebeneinander beider Wege vorsahen (→ 5.3.). Zurück in Paris begann ab 1467 zunächst seine steile Karriere an der Sorbonne, zu deren Rektor er nach nur zwei Jahren gewählt wurde. Entscheidender war indes die Freundschaft zu dem Humanisten Guillaume Fichet; mit ihm und anderen betrieb Heynlin die erste Druckerwerkstatt Frankreichs. Im Spannungsfeld von Offizin und Lehrtätigkeit an der der *via antiqua* zugehörigen Sorbonne bildete sich das eigentümliche Gepräge des humanistischen und zugleich scholastischen Denken Heynlins. Es war für ihn kein Widerspruch, neben der Edition humanistischer und antiker Autoren (etwa Lorenzo Valla und Cicero) sich an einem Gutachten gegen einen Magister der *via moderna* zu beteiligen und dessen Lehrverbot zu befördern. Der Humanismus als «Stil- und Bildungsphänomen» (von Scarpatetti 1983, 1214) diente Heynlin als Mittel, die Theologie als Königin der scholastischen Wissenschaft zu stützen und zu verteidigen.

Als er 1474 nach Basel zurückkehrte, hielt Heynlin jedoch Abstand zur Universität. Er besetzte verschiedene Predigerstellen, und aus seinen Äusserungen klingt ernste Sorge um die sittlichen Zustände der Gesellschaft. Heynlin wurde Buss- und Ablassprediger (Hossfeld 1907f., 7, 181–185). Zugleich aber bildete sich um ihn ein grosser Kreis von Gelehrten, zu dem zentrale Persönlichkeiten des oberrheinischen Humanismus gehörten.

Nach einem letzten akademischen Amt als Rektor der frisch gegründeten Universität Tübingen begann 1484 mit der Berufung zum Prediger des Basler Münsters die produktivste Phase in Heynlins Leben. In der Abgeschiedenheit der Kartause, in die er 1487 unter den Augen der städtischen Öffentlichkeit eintrat, entfaltete er eine bemerkenswerte editorische Tätigkeit. Aus der Kooperation mit seinem Schüler Johannes Amerbach entstanden Ausgaben des Psalterkommentars des Cassiodor (1491), der Kirchenväter Augustin (1490ff.) und Ambrosius (1492) sowie ab 1479 in mehreren Auflagen eine lateinische Übersetzung der Bibel, die aus griechischen und hebräischen Quellen schöpfte (Hossfeld 1907f., 7, 285–297). Heynlin verfasste Vorreden zu den Amerbachschen Drucken, später auch zu solchen von Johannes Froben und Nicolaus Kessler, und beteiligte sich philologisch und theologisch an ihrem Entstehen. Doch anders als in der Pariser Offizin hielt sich Heynlin jetzt an die Alten, die Kirchenväter, und daran, was er zu bewahren suchte. Seine vormalige Suche nach neuen Quellen des Wissens war der Erkenntnis gewichen, dass «alles, was in den weltlichen Wissenschaften dargelegt wird, den heiligen Schriften entnommen ist» (fol. 1^{r} in seiner Vorrede zu Amerbachs Cassiodor-Ausgabe, Basel 1491). Er starb am 12. März 1496 in der Kartause. Sebastian Brant, der ein Epigramm auf seinen «steinernen Vater» verfasste, wollte ihm ein ehrenvolles Grab ermöglichen, doch wurde der Kartäusermönch auch nach kartäusischem Gebrauch bestattet, mit schlichtem Ritus, in einem anonymen Grab.

F. W.

5.2. Der Aristoteles-Kommentar des Johannes Heynlin

Liber Carthusiensium in Basilea proveniens a confratre nostro D. Johanne de Lapide continens libros De anima et De animalibus Aristotelis (Codex aus Pergament und Papier, gedruckt und handgeschrieben), Paris 1459
Universitätsbibliothek Basel, Mscr. Bc II 5, fol. 4r–82v, hier fol. 70r

Im dritten Buch Über die Seele *(De anima)* handelt Aristoteles über den Intellekt, mit dem wir in der Lage sind, die reinen *Intelligibilia* wie Begriffe, Zahlen und deren Verhältnisse (Logik, Mathematik) zu erkennen. Im nach heutiger Zählung fünften Kapitel kommt Aristoteles auf den aktiven Intellekt zu sprechen, der nicht nur aufnimmt, was in seiner Aussenwelt vorliegt, sondern selbst *Intelligibilia* hervorbringt. Ohne diesen aktiven Intellekt «denkt», so Aristoteles, «die Seele überhaupt nicht».

Das Exponat ist Johannes Heynlins (→ 5.1.) Kommentar zu *De anima*, der 1459 – fünf Jahre vor seinem ersten Basler Aufenthalt – in Paris entstanden ist, selbst aber Ergebnis einer längeren Beschäftigung ist, die sich bis in Heynlins frühe Studienjahre in Leipzig verfolgen lässt. 1453 kam er an die Sorbonne, jene ehrwürdige Universität, die sich im 14. und 15. Jahrhundert zur Hochburg der *via antiqua* entwickelt hatte. Selbst entschiedener Anhänger der *antiqui* und demzufolge Gegner der *moderni*, schrieb Heynlin diesen Kommentar im offensichtlich hitzigen Klima der Auseinandersetzungen beider Parteien. Die *moderni*, so Heynlin in der Vorrede zum Kommentar, haben den Fehler begangen, *De anima* für unverständlich zu erklären, und damit zugleich die grosse Tradition der Kommentare über Bord geworfen. Ergebnis sei, dass «solche oberflächlichen [Interpreten] zu Recht mit ungebildeteren Hunden verglichen werden, die sich stets darum bemühen die Knochen zu benagen, niemals aber zur Lieblichkeit des Marks vordringen» (fol. 4r). Sein eigener Kommentar versammelt dagegen die besten Kommentatoren, so dass «leichter und tiefer verstanden wird, was Aristoteles sagte» (ebd.).

Was Aristoteles aber an der eingangs genannten Stelle sagte, war für spätmittelalterliche Kommentatoren problematisch, vielfach sogar anstössig. Nach Aristoteles ist der aktive Intellekt vom Leib und von den übrigen Seelenteilen abtrennbar, woraus folgt, dass er auch in einer bestimmten Hinsicht unsterblich und ewig ist *(immortale et perpetuum est)*. Radikale Kommentatoren interpretierten diese Stelle in dem Sinne, dass es einen ewigen Intellekt gibt, der bei allen Menschen ein und derselbe ist. Thomas von Aquin und andere Theologen verurteilten diese Lehre in aller Schärfe. Denn ein christlich interpretierter Aristoteles durfte nicht dem Glauben an die Wiederauferstehung des Menschen mit einem Leib und einer Seele widersprechen, zumal jeder einzelne Mensch mit Leib und Seele für seine Taten und Gedanken verantwortlich ist. Dieser Gegensatz, der sich an die wenigen Zeilen des Aristoteles klammerte, die auf unserem Exponat zu sehen sind, brachte Bibliotheken voll kontroverser Kommentare hervor, wovon der eng beschriebene Rand in Heynlins Werk ein eindrucksvoller Beleg ist.

Die durch Heynlin angezogenen Autoritäten scharen sich um den Text wie eine Gruppe von Zeugen um den Ort des Geschehens: Thomas von Aquin und dessen Lehrer Albertus Magnus, die für die *via antiqua* massgebliche Autoritäten waren, daneben Averroes, der radikale Kommentator schlechthin, sowie die spätantiken Ausleger Themistios und Johannes Philoponos. Hinter ihnen tritt Heynlin selbst ganz zurück. Als Autor finden wir ihn allein in seiner Unterteilung des Aristoteles-Textes und in philologischen Korrekturen wieder, die «durch die Nachlässigkeit der Schreiber» (fol. 4r) entstanden sind. Heynlins Intention richtet sich mit diesem Kommentar ganz auf die Erhaltung des Textes, der sich selbst erst durch seine Bei- und Nebentexte erschliesst. In Heynlins Biographie wird sich dieser bewahrende Zug seines Denkens später mit der Innovation des Buchdrucks paaren und in seiner editorischen Tätigkeit ausdrücken. Sein Kommentar zu *De anima*, der nur in diesem bewahrenden Sinne als Kommentar zu bezeichnen ist, kann als eine unmittelbare Vorstufe dazu gelten.

F. W.

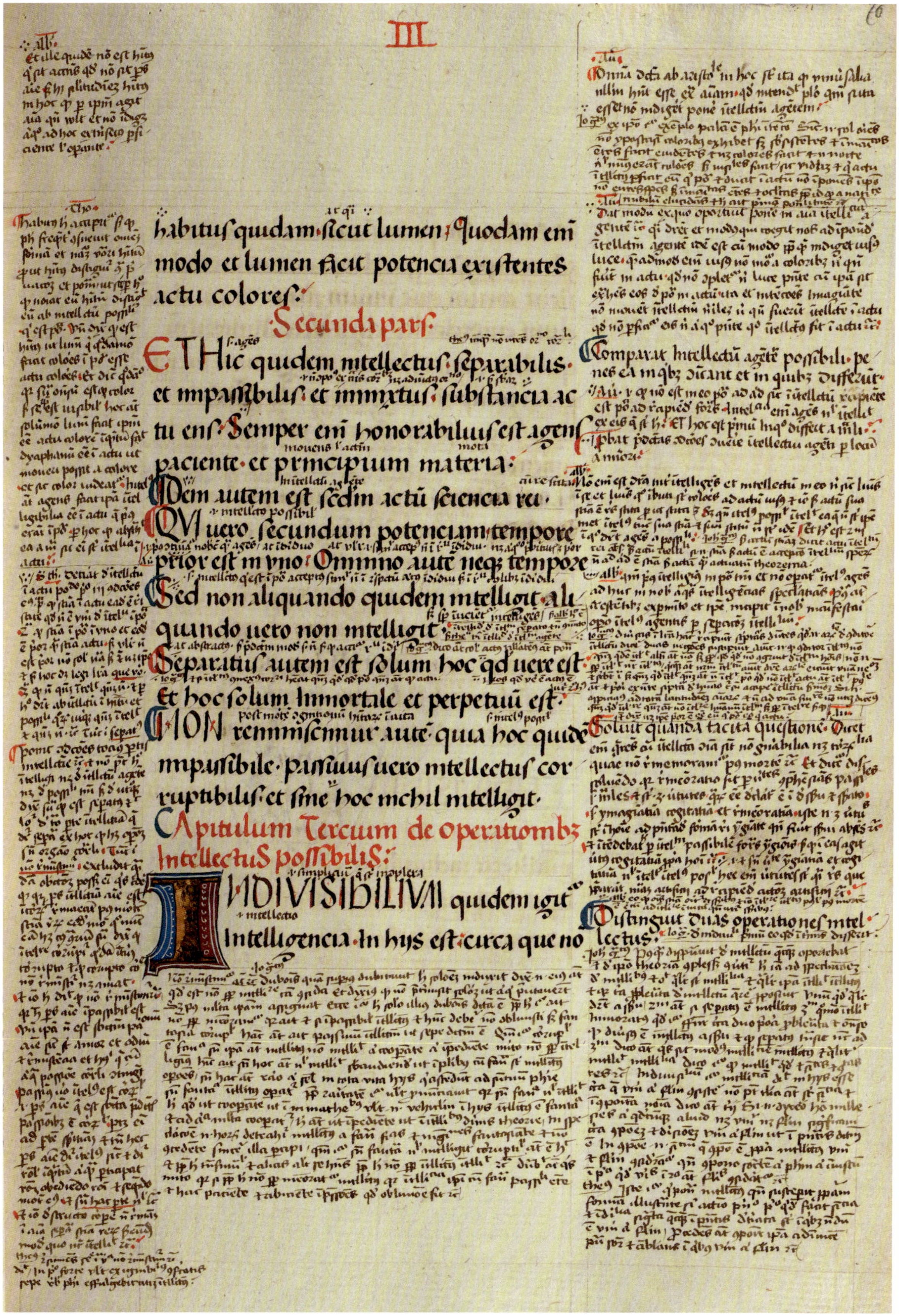

III

habitus quidam sicut lumen; quodam enim modo et lumen facit potencia existentes actu colores.

Secunda pars.

Et hic quidem intellectus separabilis et impassibilis et immixtus, substancia actu ens. Semper enim honorabilius est agens paciente et principium materia. Idem autem est secundum actum sciencia rei. Que vero secundum potenciam tempore prior est in uno. Omnino autem neque tempore. Sed non aliquando quidem intelligit, aliquando vero non intelligit. Separatus autem est solum hoc quod vere est. Et hoc solum immortale et perpetuum est. Non reminiscimur autem quia hoc quidem impassibile, passivus vero intellectus corruptibilis et sine hoc nichil intelligit.

Capitulum tercium de operationibus intellectus possibilis.

Indivisibilium quidem igitur intelligencia in hys est circa que non

5.3. Ordnung über die Parität beider Wege

Matricula facultatis philosophiae et artium liberalium, 1460–1748
Universitätsbiblitohek Basel, Mscr. AN II 9, hier fol. 41r
Lit.: Vischer 1860; Bonjour 1960.

Dass nur fünf Jahre nach der Gründung der Basler Universität die inhaltliche Ausrichtung ihrer artistischen (der späteren philosophischen) Fakultät grundlegend geändert wurde, mag uns als Korrektur, jedenfalls aber als Zeichen dafür erscheinen, dass jene erste Ausrichtung eine weder erfolgreiche noch vielversprechende Entwicklung genommen hatte. Die Neuorientierung jedoch, von der unser Exponat zeugt, entstand nicht aus Defiziten der ersten Jahre. Vielmehr scheint die Einführung der *via antiqua* in den Jahren 1464/65 überhaupt die erste strategisch intendierte Orientierung der jungen Artistenfakultät gewesen zu sein, nachdem in den vorausgegangenen Jahren andere als programmatische oder inhaltliche Überlegungen massgeblich für ihre Ausrichtung waren.

Denn erst mit der Ankunft Johannes Heynlins (→ 5.1.) und einiger seiner akademischen Freunde aus Paris wurde der Basler Fakultät die artistische Gretchenfrage gestellt: Sollte wie bisher die *via moderna* allein, oder sollte sie neben der *via antiqua* gelten? Oder aber sollte die Fakultät nur die frisch importierte *via antiqua* beschreiten und ihre *moderni* entlassen? Die alleinige Vorherrschaft der *moderni* war nämlich entstanden, nachdem die Hälfte der eigentlich projektierten Lehrstühle 1460 nicht besetzt wurde und man von Anfang an nur mit vier artistischen Magistern auskommen musste. Unter diesen, wohl aus finanziellen Zwängen entstandenen Bedingungen schien es damals allen beteiligten Instanzen besser, Vertreter nur einer der konkurrierenden Wege nach Basel zu holen und auf diese Weise unnötigen Streit zu vermeiden (Bonjour 1960, 87).

Entgegen dem Votum der Fakultät entschied sich der Basler Rat, unter besonderem Einfluss des weitsichtigen Peter von Andlau (→ 1.1.), für die Zulassung beider Wege. Damit wurde eine neue, internationale Strategie verfolgt, die nicht nur Johannes Heynlin und weiteren *antiqui* Lehrstühle an der Artistenfakultät verschaffte, sondern sich in den Folgejahren auch als erfolgreiches Instrument erwies, um die Universität zu einer ersten Blütezeit zu führen (Vischer 1860, 166f.). Lebhafte Debatten und abwechslungsreiche Disputationen lockten viele Studenten und Gelehrte an. Der Mut zur wissenschaftlichen Vielfalt bescherte der Basler Artistenfakultät einen vorzeigbaren Erfolg.

Das Exponat zeigt die neuen Statuten der Artistenfakultät von 1465, die vom frisch gewählten Dekan Heynlin ausgearbeitet und von der Fakultät sowie vom Kanzler, dem Bischof von Basel, am 23. März 1465 in Kraft gesetzt wurden. Neben minutiösen Regelungen, wie beide Wege in administrativen, politischen und akademischen Zusammenhängen miteinander auskommen sollen, enthalten die Statuten auch den hier gezeigten Lehrplan für den Studiengang mit Ziel des Bakkalaureats (*lectiones pro gradu baccalariatus*). Er beinhaltet einen Teil des Curriculums, das im Wesentlichen aristotelische Schriften und ihre scholastischen Kommentare umfasste. Der Lehrplan war einer der wenigen Orte, an dem der Streit zwischen *via antiqua* und *via moderna* sich auch inhaltlich und nicht nur strukturell niederschlug. Bei der Vorlesung über die *parva logicalia*, einige diffizile Probleme der mittelalterlichen Logik, hielten sich nämlich die *moderni* häufig an ein anderes Lehrbuch als die *antiqui*. Doch sieht die Basler Ordnung für alle Vorlesungen gleich welchen Weges das Lehrbuch des Petrus Hispanus vor, was einmal mehr verdeutlicht, wie sehr der Wegestreit politisch und strategisch konturiert war, und wie wenig inhaltlich und doktrinär.

F. W.

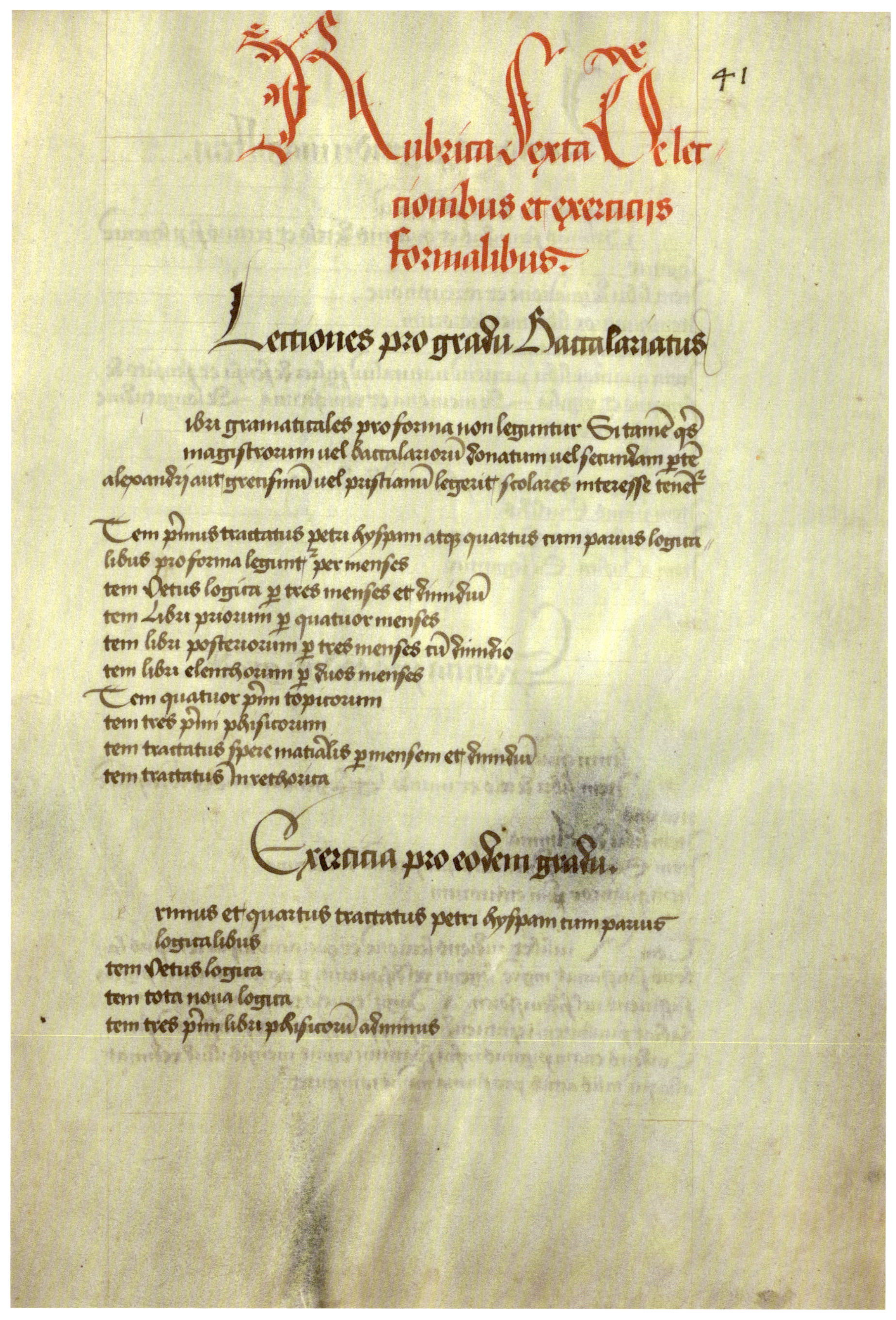

5.4. Die Aufhebung der Trennung beider Wege

Statuta facultatis artium (1492 – 16. Jh.), fol. 15–17
Staatsarchiv Basel-Stadt, Universitätsarchiv, Bücher R1, hier fol. 15r
Lit.: Vischer 1860.

Nachdem im Jahre 1465 die beiden, sich konkurrenzierenden Parteien der *via antiqua* und der *via moderna* an der Basler Artistenfakultät zugelassen worden waren (→ 5.3.), lebten deren Vertreter nicht nur in friedlicher, sondern in durchaus gedeihlicher Koexistenz. Doch währte dieser friedliche Zustand nur kurze Zeit. Schon 1470, fünf Jahre nachdem beide Wege eingeführt worden waren, kam es zur Spaltung der Fakultät. Es entstand eine Doppelstruktur mit zwei Dekanen, zwei Fakultätsversammlungen, zwei Prüfungszyklen usw. Jede Partei installierte einen autonomen Studienbetrieb, und auch ausserhalb des eigentlich Akademischen geriet die vormals produktive Konkurrenz zum agonalen Wettbewerb. Dessen Eskalation im Jahre 1487 sowie die jetzt wieder abnehmende Zahl der Studenten verdeutlichte allen Beteiligten, dass die Spaltung der Fakultät ein Skandal war, den es zu überwinden galt.

Das Exponat, der Beschluss zur Befriedung der Gegensätze von *via antiqua* und *via moderna*, vollzog diese Überwindung. Er ist eine verbindliche Vereinbarung der Mitglieder der Artistenfakultät (*compactata unionis Magistrorum facultatis artium*, fol. 15), die am 3. Januar 1492 in Kraft trat. Von nun an sollte es wieder einen einzigen Dekan sowie einen einzigen Fakultätsrat für alle Artisten geben und der Unterschied zwischen altem und neuem Weg sollte aufgehoben, ja ausgelöscht werden. Wer künftig durch die Fakultät graduiert wurde, sollte nicht mehr auf eine der beiden Parteien verpflichtet, «sondern allgemein Artist oder Magister bzw. Bakkalaureus der Artistenfakultät genannt werden» (*simpliciter artista aut facultatis artium magister vel Baccalarius dici*, fol. 16). Um die bestehenden Unterschiede zwischen den Parteien dennoch zu berücksichtigen und miteinander zu harmonisieren, erging die Ermahnung an alle beteiligten Personen, sich in Zukunft zu mässigen und die jeweils andere Partei nicht mehr zu beschimpfen. Vielmehr soll ein Parteigänger die eigene Position «mit Zitaten und Gründen friedlich und ohne Beleidigungen der Gegner verteidigen» (*eam [viam] auctoritatibus et rationibus pacifice non iniuriis defendat*, ebd.).

Offenbar war es bis zum Abfassen des Dokuments zu einem allgemeinen Verfall der kollegialen Umgangsformen an der Artistenfakultät gekommen. «Wegen der ungebremsten und gleichsam halsbrecherischen Zügellosigkeit der Scholaren» (*effrenatam scolarium indulgenciam ruentem peneque precipitem*, fol. 15) sahen sich die Magister veranlasst, den Flügelkämpfen ein Ende zu bereiten. Sie suchten einen Weg, jene Verhältnisse zu restituieren, die nach der Einführung beider Wege 1465 herrschten, als die beiden Parteien so produktiv miteinander auskamen. Davon zeugen die Bestimmungen über den Lehrplan, bei dessen Ausgestaltung sich die Gegensätze der Parteien auch inhaltlich artikulierten. Weiterhin sollten die Bestimmungen der Statuten von 1465 «hinsichtlich der zu behandelnden Texte» (*quantum ad textualia*, fol. 16) gelten. Doch bei den *parva logicalia*, den zwischen den Parteien kontroversen Detailfragen, stellten die neuen Bestimmungen es dem jeweiligen Magister anheim, sie anhand des «modernen» Marsilius von Inghen oder des «antiken» Petrus Hispanus zu lesen (fol. 16f.).

Es ist dieses konservative Gepräge, das unser Exponat auszeichnet. Zwar schien Konsens darüber zu bestehen, dass die Parteiungen der späten Scholastik überholt waren und in Zukunft keine Rolle mehr spielen sollten, doch sollte deren Befriedung mit der Restitution der alten Verhältnisse, ja sogar der alten Autoritäten erreicht werden. Auf einen frühhumanistischen Geist etwa ist weder in unserem Beschluss noch in den kurz darauf erneuerten Statuten zu schliessen (Vischer 1860, 178–180). Und dennoch, der blosse Umstand, dass in beiden Dokumenten der Basler Bischof, der als Kanzler der Universität alle früheren Ordnungen der Artistenfakultät approbiert hatte, jetzt mit keinem Wort mehr gewürdigt wurde, ist ein deutlich neuzeitliches Signal. Die Universität begann, sich von der Kirche zu emanzipieren.

F. W.

יהוה

15

Sequuntur Compactata unionis M[agist]ror[um]
facultatis artium studii Basilien[sis] tam moderne q[ua]m antique viarum / ex utraque p[ar]te
suscepta et stipulata /

Facultatis artium statum / tam ob M[agist]ror[um] diver-
sitatem q[ua]m effrenatam scolarium indulgentia
ruentem / peneque precipitem / reformare / eius[que]
commodis providere mediis cupientes / Deliberatione M[agist]ror[um] / tam moderne q[ua]m antique
viarum mature prehabita et tractatu / Consilio quoque et favore Spectabilium et eximioru[m]
Johannis Syber / de Wangen / Sacre theologie /
et Wernheri Wölfflin Artium et medicine doctor[um] ambo sue facultatis decanoru[m] / huius alme universitatis / Nec non honestor[um]
Thome Sürlin antiqui m[agist]ri zunfftar[um] / et Nicolai Rusch pro-
thonotarii huius inclite Civitatis / adhoc deputatoru[m] / Una cum
omnibus Magistris In dicta n[ost]ra universitate regentibus / tam
de consilio q[ua]m extra consiliu[m] adhoc consentientib[us] / Talis ut
sequitur viarum et M[agist]ror[um] captata est unio et concordia / Statutis et ordinationibus inviolabiliter servandis firmata robo-
rataque / Que / cum maturiore sint conclusa consilio / uberiore
sunt omnibus observanda complexu / Omnibus ergo et singulis / alme huius facultatis alumnis / Magistris / Baccalariis /
ac Studentibus / tam moderne q[ua]m antique viaru[m] / hanc n[ost]ram
unionem et concordiam / notam fieri volum[us] et publicam[us] /
Eam his compactatis statut[is] et ordinationibus perpetuo stabi-
limus / ratificam[us] / atque determinam[us] / Mandan[tes] quaten[us] ea
grato suscipiant animo / ope prosequantur / ac toto studio / sub
pena perpetue a facultate exclusionis / bene et firmiter observe[n]t /
Datum et actum Anno domini Millesimoquadringente-
simononagesimosecundo die tertia mensis Januarii /

6. Konzil

Ein Blick zurück: das Basler Konzil als Wegweiser

Lit.: Haller et al. 1896–1936; Lazarus 1912; Wackernagel 1907–1924, I, 476–538; Bonjour 1960; Schofield 1980; Helmrath 1987; Wohlmuth 1990; Lauener 2002; Sudmann 2005; Elsig 2006.

Das Basler Ökumenische Konzil, einberufen am 1. Februar 1431 durch Papst Martin V., der noch im selben Monat plötzlich verstarb, wurde am 23. Juli 1431 unter dem Vorsitz des päpstlichen Legaten Kardinal Giuliano Cesarini eröffnet. Wichtige Ziele waren, den Häresien (insbesondere jener der Hussiten) ein Ende zu setzen, die Kirche zu reformieren und den Frieden innerhalb der christlichen Welt zu sichern. Der neue Papst Eugen IV., gewählt im März 1431, trat schnell in Konflikt mit der Basler Konzilsversammlung und erliess am 18. Dezember 1431 ein Auflösungsdekret. Die Konzilsväter, die aus ganz Europa zusammengekommen waren und über die Unterstützung Kaiser Sigismunds verfügten, nötigten Eugen IV. dennoch dazu, die Synode im Namen der beim Konzil von Konstanz erfochtenen Suprematie des Konzils über das Papsttum anzuerkennen (18. Dezember 1433). Als der Papst im September 1437 die Verlegung des Konzils nach Ferrara erzwang, spaltete sich die Versammlung. Eine Minderheit, darunter auch Kardinal Nikolaus von Kues, unterwarf sich dem päpstlichen Willen und begab sich nach Ferrara (1438) und im darauf folgenden Jahr nach Florenz, wo im Juni 1439 eine kurz währende Wiedervereinigung der lateinischen und griechischen Kirche beschlossen wurde. Die Mehrheit der Konzilsväter blieb jedoch in Basel, verurteilte Eugen IV. als Häretiker und setzte ihn ab (Juni 1439), um wenige Monate später (November 1439) Amadeus von Savoyen zum Papst zu wählen, welcher den Namen Felix V. annahm. Das von Kardinal Louis d'Aleman von Arles geleitete Konklave fand im Haus zur Mücke am Schlüsselberg in der Nähe des Basler Münsters statt.

An den Arbeiten des Konzils, dem Delegationen der wichtigsten europäischen Höfe beiwohnten, beteiligten sich zirka dreitausendfünfhundert Kleriker – Kardinäle, Bischöfe und Vertreter des mittleren Klerus, vornehmlich aus Klöstern und Universitäten –, die allesamt als Konzilsväter mit Stimmrecht galten (Es waren allerdings jeweils höchstens fünfhundert von ihnen gleichzeitig in Basel). Eine entscheidende politische Rolle spielten die Teilnehmer aus Frankreich, Süddeutschland und Savoyen. Das Konzil war in vier Deputationen unterteilt: *Fidei, Pacis, Pro reformatorio, Pro communibus*. Die Vollversammlung trat wöchentlich in Generalkongregationen und zu feierlichen Sessionen zusammen: Die Protokolle der fünfundvierzig in Basel abgehaltenen Sitzungen sind publiziert (Haller et al. 1896–1936, Bde. 2–4 u. 7). Rasch versah sich das Konzil auch mit eigenen Organen nach dem Vorbild der römischen Kurie (Kanzlei, Rota etc.). Getroffen von der Exkommunizierung und immer isolierter innerhalb der Politik der europäischen Herrscher, verlor das Basler Konzil jedoch nach und nach an Zustimmung, bis 1448 auch Kaiser Friedrich III. sich wieder mit dem Papst aussöhnte. Die Annäherung konnte unter anderem zustande kommen dank der Vermittlungstätigkeit von Aeneas Silvius Piccolomini (→ 6.1.), zunächst aktiver Sekretär des Konzils und des Gegenpapstes Felix V. (und somit Gegner von Eugen IV.), danach in den Diensten von Friedrich III. (Widmer 1960, 18–57; Totaro 2006). Das Konzil, in der Zwischenzeit nach Lausanne verlegt (1448), löste sich am 5. Mai 1449, nach dem Tod Eugens IV. (Februar 1447) und dem Verzicht von Felix V. auf das Papsttum (April 1449), auf. Es anerkannte schliesslich den am 6. März 1447 im römischen Konklave gewählten Nikolaus V. als rechtmässigen Papst.

Das Basler Konzil erliess Reformdekrete zu vielfältigen Themen, darunter die Papstwahl, Ordensreformen, Nominierungsmodalitäten und Fragen der Pfründenzuteilung, Provinzialsynoden, Konkubinat, Kultusformen und die Beziehungen zu den Juden. Im Zentrum der Debatte standen ekklesiologische Konzepte der Repräsentation, des Konsenses und der konziliaren Unfehlbarkeit. In radikaler Art und Weise setzte es sich mit der Frage auseinander, wem zwischen Konzilsversammlung und Papst die Suprematie zustünde. Das Konzil folgte weit verbreiteten Reformbestrebungen und stellte auch in der politischen und institutionellen Debatte in Europa einen äusserst intensiven Moment dar, wobei es laizistische und konstitutionelle Konzeptionen der Moderne vorwegnahm (Lauener 2002). Als Zeit des Austausches zwischen zahlreichen unterschiedlichen Kulturen, als Begegnungs- und Diskussionsort für Intellektuelle, als Handelsplatz für Bücher und Kunstwerke kam dem Konzil auch eine beachtliche kulturelle Bedeutung zu – eine nicht zweitrangige Rolle überdies in der Verbreitung des Humanismus, rief es doch Künstler und Schriftsteller aus ganz Europa in die Rheinstadt. Für die Stadt Basel bedeutete das Konzil den Übergang von der Grenzstadt mit einer beachtenswerten Lokalgeschichte zum Zentrum internationalen Ranges: ein entscheidender Qualitätsgewinn auf der ökonomischen, künstlerischen und kulturellen Ebene.

Mit der Wahl von Basel als Konzilsort hatten schon seit 1424 bedeutende Vorbereitungen begonnen wie die Verbesserung der Kommunikationswege, der Bau einer Brücke bei Birsfelden (1425), die Verstärkung der Befestigungsanlagen, die Erstellung neuer Gebäude zur Unterbringung der Konzilsteilnehmer oder die Schaffung einer Münzprägestelle (1429). Der Basler Rat und die Stadtbevölkerung waren aufgefordert, den Teilnehmern des Konzils Kost und Unterkunft zu bieten, sie vor Aggressionen und Überfällen zu schützen und ihnen Handlungs- und Redefreiheit zu garantieren. In den ersten Jahren des Konzils erfuhr die städtische Ökonomie einen ausserordentlichen Aufschwung, vor allem bei den Bauten, im Bereich des Stoffhandels, der Bankgeschäfte und der Papierproduktion. Das Konzil zog durch die grosse Anzahl der in der Stadt zusammengekommenen Auftraggeber einige der begabtesten Künstler jener Jahre nach Basel. Insbesondere ist ab 1434 die Anwesenheit von Konrad Witz dokumentiert. Dieser war sowohl für die Leonhardskirche tätig, wo Kardinal Cesarini sein Hauptquartier hatte (Altar des *Speculum humanae salvationis*), als auch für die Barfüsserkirche (*Joachim und Anna vor dem goldenen Tor*; Eggenberger 1992; Elsig 2006, 121–124).

Das Konzil spielte auch für die Entstehung der künftigen Universität (1460) eine wichtige Rolle, indem es 1432 ein *Studium generale* (Konzilsuniversität) nach dem Vorbild der Universitäten von Paris und Bologna eröffnete mit einer juristischen, einer theologischen und wahrscheinlich auch einer medizinischen Fakultät. Das *Studium* wurde nach der Absetzung Eugens IV. in eine *Alma universitas studii curiae romane* (Kurienuniversität) umgewandelt, wo bis 1448 Vorlesungen abgehalten wurden. Verschiedene Persönlichkeiten, die eine bedeutende Rolle bei der Schaffung der neuen Universität gespielt haben, waren mit der Konzilsuniversität verbunden: Heinrich von Beinheim, der mit seinem Gutachten 1459 grossen Einfluss auf die Gründung der Universität haben sollte, wohnte dem Konzil von Anfang bis Ende bei und erhielt hier auch den Doktortitel (1437). Ebenso erhielt hier Konrad Künlin seinen Doktortitel – wie Aeneas Silvius Piccolomini Sekretär des Konzils: Er sollte später als Stadtschreiber eine wichtige Rolle in den Verhandlungen mit Pius II. über die Stiftung der Universität spielen (Vischer 1860, 5–12; Bonjour 1960, 22–25; Sieber 1999, 114–115).

M. A. T.

Illustration des Basler Konzils in Schedels Weltchronik. (Universitätsbibliothek Basel)

6.1. Eine Lebensgeschichte: Aeneas Silvius Piccolomini

* 1405, † 1464
Lit.: Pastor 1894, 1, 1–276; Wolkan 1909; Paparelli 1950; Widmer 1959 u. 1960; Garin 1966; Firpo 1973; Heck 1984; Totaro 1984; Tönnesmann 1990; Terzoli 2005 u. 2006; Totaro 2006.

Aeneas Silvius Piccolomini wurde am 18. Oktober 1405 in Corsignano, dem heutigen Pienza in der Toskana, geboren. Nach juristischen Studien in Siena wurde er 1431 Sekretär des Kardinals Domenico Capranica. Mit diesem reiste er nach Basel, wo jenes Konzil stattfand, das zu einem offenen Konflikt mit Papst Eugen IV. führen sollte. In der Rheinstadt lebte Aeneas Silvius mit Unterbrüchen und diplomatischen Reisen von 1432 bis 1442. Als überzeugter Verfechter der Konzilsdoktrin hob er sich rasch hervor, wurde zunächst zu einem der Konzilssekretäre, danach Sekretär des 1439 in Basel gewählten Gegenpapstes Felix V. (Widmer 1960, 13–43; Totaro 2006, 73–84). Im November 1442 trat er in die kaiserliche Kanzlei in Wien ein, wo er bis 1446 als Sekretär von Kaiser Friedrich III. tätig war. Dieser krönte ihn am 27. Juli 1442 zum Poeta Laureatus (vgl. die *Laudatio* in Hagenbach 1840, 46–48). Nachdem er 1446 in den Klerikerstand eingetreten war, wurde er 1447 zum Bischof von Triest und, drei Jahre später, von Siena gewählt. In dieser Funktion bemühte er sich aktiv um eine Wiederversöhnung zwischen der römischen Kirche und dem Deutschen Reich. 1456 wurde er zum Kardinal ernannt und nahm am Konklave für die Nachfolge von Kalixtus III. teil, aus dem er am 19. August 1458 als Papst Pius II. hervorging. Im Jahr 1459 berief er in Mantua einen Kongress der christlichen Fürsten ein zur Vorbereitung eines Kreuzzuges gegen die Osmanen. Hier traf im November der Basler Gesandte Hans von Flachsland ein, um die Stiftungsbulle zur Gründung der Universität zu erbitten (→ 1.2.). Nach dem Scheitern seines Traumes, Mohammed II. zum Christentum zu bekehren, rief er 1463 den Kreuzzug aus. 1464 begab er sich nach Ancona, um die Ankunft der Kreuzzugstruppen zu erwarten, wo er am 15. August starb. Die Stationen seines Lebens sind in einem von Pinturicchio ausgeführten Freskenzyklus dargestellt, der die Bibliothek der Kathedrale von Siena schmückt (Shepherd 1993; Settis/Toracca 1998; Beyer 2006).

Als Mäzen der Künste verwandelte Piccolomini mit dem Architekten Bernardo Rossellino das mittelalterliche Corsignano in eine idealtypische Renaissancestadt und benannte sie um zu Pienza (1462; vgl. Tönnesmann 1990). Als Liebhaber der Literatur und der Philosophie war er ein raffinierter Autor von Vers- und Prosatexten. In seiner Jugend verfasste er Liebesgedichte (*Cinthia* und *Nymphilexis*), eine Komödie (*Chrysis*) und eine wundervolle Briefnovelle, die *Historia de duobus amantibus* (1444), die im 15. und 16. Jahrhundert einen grossen, auch verlegerischen Erfolg sah (Firpo 1973; Terzoli 2006a). Ausdruck der Positionen des Basler Konzils gegen die römische Kirche sind der *Libellus dialogorum de generalis Concilii authoritate et gestis Basiliensium* (1440), der sich an den Freund Nikolaus von Kues richtet (über ihn Flasch 2001; Nagel 2006), sowie *De gestis Concilii Basiliensis commentariorum libri* (→ 6.3.). Letztere schildern die Ereignisse des Konzils bis zur Wahl von Felix V. (Totaro 2006, 84–94). Der *Libellus* wird von Piccolomini nach seiner Wahl zum Bischof widerrufen und das Werk *De rebus Basileae vel stante dissoluto Con-*

Pius II., nach einem Gemälde von Johann Rudolf Huber. (Universitätsbibliothek Basel)

cilio von 1450 wird im Vergleich zu *De Gestis* von grundlegend anderer Ausrichtung sein. 1463 erlässt Pius II. die *Bulla retractationum*, in der er seine zur Unterstützung der Suprematie des Konzils über den Papst verfassten Frühwerke verurteilt. Eine seiner leidenschaftlichsten Schriften sind die *Commentarii rerum memorabilium quae temporibus suis contigerunt*. Sie erzählen mit grossem Detailreichtum die Zeitgeschichte (von der Geburt des Autors bis 1463). Orte, unterschiedliche Kulturen und Sitten sind dabei ausserordentlich prägnant beschrieben, oft aus der Position des privilegierten Beobachters oder gar Protagonisten. Die *Commentarii* wurden erst fünf Jahrhunderte später vollumfänglich publiziert (Heck 1984; mit italienischer Übersetzung Totaro 1984). Das Gesamtwerk (ohne die *Commentarii*) erschien 1551 in Basel und ist für viele Schriften die einzige verfügbare Ausgabe. Ein aussergewöhnliches Dokument ist überdies die Briefsammlung (Wolkan 1909), die auch zwei Briefe mit berühmten Beschreibungen von Basel enthält (Briefe 16 und 28; vgl. Bonjour 1951, Widmer 1959 u. 1960, 348–371, Terzoli 2005).

M. A. T.

6.2. Conciliumbuch

Staatsarchiv Basel-Stadt, Politisches C1
Lit: Ochs 1786–1832, Bd. 3, 605–608; Thommen 1895 u. 1895a; Reinhardt 1935; Widmer 1992; Schenk 2000, 77f.; Tammen 2000, 374–378; Schenk 2003, 208f.; Sieber-Lehmann 2007.

Das «Conciliumbuch» enthält handschriftliche Einträge, in denen sich die Geschichte des Basler Konzils (→ 6.) aus der Perspektive der Stadt widerspiegelt. Unter dem Pergamentumschlag befinden sich 147 Blätter, auf denen städtische Schreiber Entscheide kopierten, die auf die Sicherheit von Bürgern und Gästen zielten. Das Buch eröffnet punktuelle Einblicke in die organisatorische Begleitung des Konzils seitens des Rates. Zugleich erlaubt es, den Anfang der städtischen Vorbereitungen, einige Höhepunkte des Konzils und dessen Ende zu verfolgen.

Voran steht eine Abschrift (fol. 1ʳ; ed. Thommen 1895a, 213f.) und Übersetzung (fol. 2ʳ) des Dokumentes, mit dem der Rat offiziell über das geplante Konzil unterrichtet wurde. In der Bulle vom 10. April 1424 (ed. Urkundenbuch 1890–1910 [1902], Bd. 6, 176f.) sprach Papst Martin V. der Stadt und ihren Bürgern das Vertrauen aus, während der nächsten sieben Jahre die nötigen Vorbereitungen zu treffen, damit die zu erwartenden Gäste «mit gutem Friden und stiller Ruwe beschirmet werden» (fol. 2ʳ). Der Rat nahm sich des Auftrages mit Pragmatik an. Dazu gehörte es abzuwarten, ob das Konzil tatsächlich einberufen werde. Die Materialien des Bandes illustrieren dies nachdrücklich. Der chronologisch anschliessende Text datiert sieben Jahre später kurz vor Eröffnung des Konzils. Es handelt sich um den königlichen Geleitbrief vom 2. Juli 1431, der den Konzilsteilnehmern reichsweiten Schutz versprach (fol. 5, ed. Reichstagsakten 1867–2001 [1906], Bd. 10, 177–179). Aufschlussreich ist, dass der Basler Geleitbrief (fol. 12ʳ–15ʳ, ed. Urkundenbuch 1890–1910 [1902], Bd. 6, 281–285) erst zwei Monate später erlassen wurde. Durchdacht hatte man die juristischen Zuständigkeiten für Bürger der Stadt und Besucher des Konzils unterschieden. Neben diesem allgemeinen Geleitbrief wurden zahlreiche spezielle ausgestellt, die ein Gros des Bandes ausmachen. Zugleich bezog man Erfahrungen vormaliger Konzilsorte ein. So wurde mit der Stadt Rücksprache gehalten, die zuletzt auf deutschem Boden ein Konzil beherbergt hatte und in der Martin V. zum Papst gewählt worden war: Konstanz. Unter der Überschrift «Articuli de Constancia» (fol. 128ʳ) stehen Vergleichswerte für «Gastgeschenke [...], Preisordnung, [...] Privilegienvergabe» und «Zollfragen» (Schenk 2000, 77). Der Austausch mit Konstanzer Bürgern setzte sich fort. 1432 berichtete die Konstanzer Schneiderzunft der Basler über zurückliegende Probleme mit zugereisten Konkurrenten (fol. 137ᵛ). Erst im Folgejahr wurde ein Vertrag zwischen der Stadt und Vertretern des Konzils geschlossen, der ökonomische Verbindlichkeiten definierte (vgl. dazu fol. 100, 114f.; der Text bei Thommen 1895a, 214–218).

Einen öffentlichen Höhepunkt des Konzils markierte die Krönung des letzten Gegenpapstes. 1440 hatte der neu gewählte Felix V. seinen Besuch angekündigt (fol. 8ᵛ–9ʳ, ed. Urkundenbuch 1890–1910 [1902], Bd. 6, 443f.). Das «Conciliumbuch» bietet eine Schilderung des feierlichen Empfangs (fol. 104ᵛ–105ʳ; ed. Ochs 1786–1832, Bd. 3, 297f., Anm. 1), in der sich amtliche Hinweise eng mit finanziellen verbinden: «So trug der Burg[er]meister einen stouff [Prunkbecher] ub[er]guldet und des Babstes zeichen daran an einem silberin venlin gemacht, kostet C.ii. guldin [102 Gulden] xix ß [19 Schilling] wart auch sinen gnaden und hochheit geschenckt» (fol. 104ᵛ). Die fortschreitende Spaltung der Konzilsteilnehmer führte nach geographischen Trennungen zu dem Ende der Kirchenversammlung. In Basel forderte der Rat am 28. Juni 1448 (fol. 71ʳ–75ʳ; ed. Urkundenbuch 1890–1910 [1899], Bd. 7, 308–314) die Gäste auf, die Stadt zu verlassen.

Von bleibender Bedeutung ist das «Conciliumbuch» nicht nur wegen der städtischen Gesamtperspektive auf das Konzil. Eine Notiz verweist auf einen Vorgang des Eröffnungsjahres: «Anno &c xxxsecundo [1432] Sabatho ante Cantata [Samstag vor Cantate] waret dass gestüle in dem Münster gemachet in der Reten kosten» (fol. 135ʳ). Noch heute erinnert das geschnitzte Chorgestühl mit seinem reichen Skulpturenschmuck an wohl diese Stiftung des Rates (Reinhardt 1935; Tammen 2000, 374). In jedem Fall gehört es zu dem historischen Raum, in dem knapp 30 Jahre später die Gründung der Universität vollzogen wurde.

M. K.

6.3. Piccolominis Bericht über das Konzil

Commentariorum Aeneae Sylvii Piccolominei Senensis, de Concilio Basileae celebrato libri duo, Basel 1523 (VD16, P 3111)
Frey-Grynaeisches Institut, D III 14
Lit.: Hay/Smith 1967; Totaro 2005.

Zur Zeit des Konzils setzte sich Aeneas Silvius Piccolomini (→ 6.1.) mit Herzblut für die Reformvorschläge ein, die aus der Kirchenversammlung hervorgingen – nicht zuletzt mit schriftlichen Beiträgen. Die Ereignisse, die zwischen 1439 und 1440 zur Absetzung Eugens IV. und zur Wahl des Gegenpapstes Felix V. führten, hielt er in einem zweiteiligen Geschichtswerk über das Konzil von Basel fest. Der erste Teil behandelt die Verhandlungen und Diskussionen, die nach der Verlegung des Konzils nach Ferrara zur Absetzung Eugens führten, während der zweite fast ausschliesslich dem Konklave gewidmet ist, an welchem der Savoyarde Amadeus VII. zu Papst Felix V. wurde. Piccolomini gibt sich keine Mühe, die Parteinahme für das Konzil zu verbergen. In der stil- und kunstvollen Inszenierung der hitzigen Verhandlungen zwischen den entzweiten Lagern treten die Konzilsanhänger mit rhetorischer Gewandtheit und Gelehrsamkeit auf, während die Beredsamkeit der Kurialisten der Lächerlichkeit preisgegeben wird.

Wir wissen nicht, ob Piccolomini vorhatte, auch die Ereignisse zwischen 1431 und 1438 niederzuschreiben, und ob demnach die zwei vorhandenen Bücher nur Teil eines unvollendet gebliebenen Werkes sind – publiziert wurden sie zunächst jedenfalls nicht. Brachte den Autor womöglich gerade die eigene Polemik dazu, sie vorsichtshalber unveröffentlicht zu lassen? Die weiteren Ereignisse führten ihn an den Hof Friedrichs III., wo er allmählich ins Lager der Kurialisten wechselte und von wo aus er schliesslich nach Rom gelangte. Dort wurde er 1458 zum Papst erkoren. Die Retraktationen, in denen er sich öffentlich von seinen früheren Schriften und Ideen distanzierte, verweisen nirgends auf das verfasste Geschichtswerk, das bisher offenbar noch unbekannt geblieben war. Piccolomini schrieb 1450 gar einen Gegenentwurf zu seinem früheren Werk. In Form eines Briefes an Kardinal Carvajal werden die Ereignisse zu Basel aus umgekehrter Perspektive gedeutet und bewertet.

Dennoch wurde das frühere Werk auch ohne Publikation handschriftlich weitertradiert und führte in den nachfolgenden Jahrzehnten eine verborgene Existenz. An die breite Öffentlichkeit gelangte die Schrift erst mit der hier abgebildeten Erstausgabe aus dem Jahre 1523, die aus der Werkstatt Cratanders hervorgegangen ist. Der Herausgeber verrät seinen Namen nicht; es wurde der Kölner Humanist Jakob Sobius vermutet. Jedenfalls lässt das Vorwort sein geistiges Profil teilweise erkennen. Er habe, schreibt er, mit verdorbenen Handschriften arbeiten und sie an manchen Stellen verbessern müssen. Noch interessanter ist es, dass er der bedeutenden Piccolomini-Schrift für den Druck weitere Werke hinzufügte – unter anderem einen Brief an Johannes von Segovia. Auch Beiträgen, die nicht aus Piccolominis Feder stammen, wird grosszügig Platz eingeräumt. Dabei handelt es sich unter anderem um Berichte über das Leben von Papst Gregor VII. und Kaiser Heinrich IV. – den beiden Kontrahenten des Investiturstreites –, welche vor allem durch ihre verunglimpfende Darstellung des Papstes auffallen. Ebenfalls zu nennen sind eine Bekenntnisschrift der Waldenser und ein Bericht von der Verurteilung der Lehren John Wyclifs beim Konstanzer Konzil (1415). Es handelt sich bei dem Druck folglich um ein Sammelwerk, dessen Zusammensetzung ein theologisches Programm erkennen lässt: Die Vorstellungen des Herausgebers von der Kirche sind an Reformen interessiert und konziliaristisch beeinflusst. Eine kleine Anmerkung im Vorwort deutet gleichzeitig auf die sich bereits ausbreitende Reformation hin, die in Basel wenig später offiziell eingeführt werden sollte. Der Herausgeber hat die Verurteilung Wyclifs, so lesen wir, mit einer Widerlegungsschrift gegen seine Lehren ergänzt. Niemand soll den Eindruck erhalten, Wyclif sei ohne Grund verurteilt worden – wie etwa kurz zuvor Luther. Dessen Lehren waren 1521 durch Pariser Theologen verdammt worden.

J. St.

COMMENTARIORVM

AENEAE SYLVII PICCOLOMINEI SENENSIS, DE Concilio Basileæ celebrato libri duo, olim quidem scripti, nunc uero primum impressi. In quibus sic illam syno= dum depingit, sic quicquid illic actum est, bona fide refert, ut qui legerit, interesse & infula= tos illos heroas disputantes, collo quentes, concionantesq́ co ràm uidere se putet. Nec solum iucunda est historia, uerumetiam utilis. Vixq́ aliud Concilium extat pari fide & diligentia descriptum. Lege felix.

CVM multis aliis nunquam antehac impressis: quorum cognoscendo rum gratia ne te pigeat sequentē indicem aut epistolam percurrere.

7. Klerus und Klöster

Die Bedeutung der Basler Kirche für die Universität

Lit: Baer/Maurer 1941–1966; Bruckner 1972; Ackermann/Wollmann 2009.

«In diser statt ist auch nicht wenig heyligthumbs.» Mit diesem Satz schliesst der Verfasser der Schedelschen Weltchronik (→ 2.2.) seine Beschreibung des kirchlichen Basel – eine zutreffende Beschreibung, denn Basel war im Spätmittelalter ein wichtiges religiöses Zentrum. Der Bischofssitz ist seit der Antike nachgewiesen (mit Sitz zunächst in Augusta Raurica, seit dem frühen Mittelalter in Basel). Der mächtigen Diözese unterstanden über 1000 Seelsorgestellen, und neben der Rolle des geistlichen Leiters übte der Bischof auch weltliche Macht aus: Diese Funktion war ihm zunächst eher ungewollt zugewachsen, doch einige tatkräftige Amtsinhaber im hohen Mittelalter hatten sie dann nach Kräften gefördert und den Machtbereich des Fürstentums erweitert. Freilich war durch diese Konstellation der Konflikt mit der aufstrebenden Macht der Stadt Basel vorprogrammiert. Während die Stadt zu einer autonomen politischen Grösse aufstieg, residierten die Bischöfe schon vor der Reformation immer öfter ausserhalb der Stadt im Jura, vor allem in ihren Schlössern in Delsberg und Pruntrut. Natürlich bedeutete es auch für die lokale Kirche Basels viel, dass sie durch die Einberufung des universalen Konzils 1431 in den Blickpunkt der Öffentlichkeit trat (→ 6.).

Neben der kirchenamtlichen Seite waren es vor allem die zahlreichen Klöster in Basel, die den Ruf der Stadt als religiöses Zentrum («nicht wenig heyligthumbs») begründeten. Beinahe alle grossen Orden waren im 15. Jahrhundert in ihren Mauern vertreten: die Benediktiner in St. Alban, die Augustinereremiten in einem Kloster, an das heute nur noch der Name «Augustinergasse» erinnert, die Franziskaner in der Barfüsserkirche, die Dominikaner in der Predigerkirche, die Clarissen in St. Clara, die Dominikanerinnen im Steinenkloster (an der Stelle des heutigen Theaters), die Kartäuser in einem eigenen Kloster in Kleinbasel und die Augustiner Chorherren in St. Leonhard. Das reiche Frauenkloster Klingental gehörte formal zur dominikanischen Familie. Hinzu kamen das mächtige Domstift am Münster und das Chorherrenstift in St. Peter (Ackermann/Wollmann 2009). Gewiss – die Stadt war nach Massstäben der Zeit nicht klein. Dennoch waren es nur um die zehntausend Einwohner. Was diese enorme Präsenz von Klostermännern und -frauen für die Stadt bedeutete, wird deutlich, wenn man sich vor Augen führt, dass parallel dazu nur fünf Pfarrgemeinden für die «reguläre» kirchliche Versorgung der Stadt zuständig waren, nämlich St. Martin auf dem Münsterhügel, St. Leonhard und St. Peter jenseits des Birsig, St. Alban rheinaufwärts sowie St. Theodor in Kleinbasel (das nicht zur Diözese Basel gehörte, sondern dem Konstanzer Bischof unterstand).

Wie schon der Künstler, der das Bild der Stadt für die Schedelsche Weltchronik zeichnete (→ 2.2.), hat selbst noch der heutige Betrachter den Eindruck, dass die zahlreichen Kirchen das Stadtzentrum dominieren (obgleich eine Reihe von mittelalterlichen Kirchen heute nicht mehr steht). Die Präsenz der Kirche hatte nicht nur für das religiöse Leben der Stadt eine grundlegende Bedeutung. Sie war auch die wichtigste Kulturträgerin. Viele Klöster hatten eigene Skriptorien und jedenfalls eigene Bibliotheken. Sie waren Orte der Bildung und des gelehrten Austauschs. Die Freiheit der aufstrebenden Stadt und die Präsenz der Kirche als Kulturträgerin waren die wichtigsten geistigen Voraussetzungen für den Erfolg der neu gegründeten Universität. Beide Grundsäulen – Stadt und Kirche – waren von Anfang an auch symbolisch präsent: die Kirche durch die päpstliche Gründungsurkunde und die Stadt durch den Freiheitsbrief, den sie der Universität ausstellte. Die enge institutionelle Verbindung von Universität und Kirche wurde vor allem dadurch deutlich, dass der Bischof zugleich Kanzler der neuen Hochschule wurde – und es blieb bis weit über die Reformation hinaus (bis zum Untergang des Fürstbistums am Ende des 18. Jahrhunderts, → 8.6.). Umgekehrt erwies sich auch die Universität als Stütze der Kirche, was daran deutlich wird, dass zwei der frühen Rektoren später den Bischofsthron bestiegen (Bruckner 1972, 135), darunter der Humanist und Gelehrte Christoph von Utenheim – ein durchaus geistlich gesonnener Mann, dessen Reformbestrebungen indes am Widerstand des Domkapitels scheiterten. Immerhin kommt ihm das Verdienst zu, Johannes Oekolampad als Domprediger nach Basel geholt zu haben.

Unter den Klöstern war es zur Zeit von Konzil und Universitätsgründung vor allem das jüngste, das als kulturelles Zentrum ins Blickfeld trat. Die Basler Kartause wurde von ihrem streng kontemplativen Orden und dem Mutterkloster, der Grande Chartreuse in der alpinen Abgeschiedenheit, immer mit etwas zurückhaltender Skepsis gesehen – obwohl oder gerade weil dort bedeutende Kirchenmänner und Gelehrte ein- und ausgingen und das Kloster materiell und geistig bereicherten (→ 5.1.). Durch Ankauf und Legate gelang es in verhältnismässig kurzer Zeit, eine hochbedeutende Büchersammlung zusammenzustellen, die für Universität und Buchdruck gleichermassen unverzichtbar war. Dass die grosse Gelehrten- und Buchdruckerfamilie Amerbach dem Kloster auch nach der Reformation noch dankbar verbunden blieb, erklärt sich nicht zuletzt daraus, dass die Verfügbarkeit der von den Humanisten gesuchten griechischen und lateinischen Texte Voraussetzung für Arbeit und Erfolg der Druckherren war.

Eine besondere Rolle für die Universität spielte schliesslich das Chorherrenstift St. Peter. Wie das Domstift auch hatte es bei der Gründung seinen Beitrag zur Finanzierung dadurch geleistet, dass es zwei Kanonikate zum Unterhalt je eines Dozenten einbrachte. Doch da die Finanzierung der jungen Universität prekär erschien und die vom Papst zugesagten Pfründen von ausserhalb Basels nicht im erforderlichen Umfang zur Verfügung gestellt wurden (→ 2.4.), entschied Propst Balthasar Spitz schon wenige Jahre später, alle sieben Kanonikate daran zu geben, «um der Universität einen Dienst zu tun und sich selbst den Schmuck reifer, durch Kenntnis und gute Sitten leuchtender Männer zu verschaffen» (Maurer 1966, 18). Das Stift wurde damit faktisch zur Universitätskirche: Dort fanden wichtige Anlässe wie Doktorpromotionen oder die Wahl des Rektors statt.

M. W.

7.1. Eine Lebensgeschichte: Konrad Pellikan

* 1478, † 1556

Lit.: Riggenbach 1877; Zürcher 1975; Wennecker 1994, 180–183.

Am 20. Juni 1536 kam es im Basler «Haus zum Luft» zu einer berührenden Begegnung. Der 58-jährige Konrad Pellikan besuchte den zehn Jahre älteren Erasmus von Rotterdam (→ 4.1.). Die viele Jahre freundschaftlich verbundenen Gelehrten hatten sich 1525 entzweit. Pellikan schloss sich der reformatorischen Bewegung an, Erasmus blieb der traditionellen Kirche treu. Zerstritten hatten sie sich über den Charakter der Eucharistie, des Herzstücks mittelalterlicher Frömmigkeit. In öffentlicher Polemik sagten sie sich von einander los (→ 4.3.). Jetzt, nach mehr als zehn Jahren der Distanzierung, brachte ein langes Gespräch die Aussöhnung. Nur drei Wochen später starb Erasmus. Umso dankbarer war Pellikan für die wieder gefundene Freundschaft. Obwohl er die religiöse Grundhaltung des Erasmus keineswegs teilte, schätzte er doch dessen editorische und kommentierende Leistungen sowohl am Neuen Testament wie an Kirchenvätertexten. Zeitlebens blieb er bei seiner eigenen Textarbeit dem grossen Vorbild verpflichtet.

Konrad Pellikan, ursprünglich Kürschner mit Namen, stammte aus dem elsässischen Rufach, begann 1491 ein Studium in Heidelberg und trat 1493 in das Franziskanerkloster seiner Heimatstadt ein. Seit 1495 studierte er in Tübingen, wo er sich der humanistischen Reformbewegung anschloss. Insbesondere widmete er sich der hebräischen Sprache, zu der er 1501 als erster Christ eine Grammatik verfasste. Nach der Priesterweihe wechselte er 1502 für vier Jahre ins Basler Barfüsserkloster. Diese Zeit blieb für ihn bestimmend, denn er liess trotz seiner nachfolgenden vielfältigen Tätigkeiten im Dienste der oberdeutschen Franziskanerprovinz die Verbindung zu Basel nicht abreissen. So beteiligte er sich an Editionsprojekten Basler Drucker.

Im Jahre 1519 kehrte er nach Basel zurück und übernahm das Vorsteheramt am Barfüsserkloster. Seine mönchische Lebensform verknüpfte er mit der Mitwirkung an literarischen Projekten. Schon waren in Basel mehrere Lutherschriften erschienen. Dann betreute Pellikan selbst im Jahre 1520 eine Sammelausgabe von Luthers Werken durch Adam Petri. Damit bekannte er seine Sympathie für die Reformation. Dieses Engagement Pellikans stiess bei seinen Ordensoberen auf Widerstand, weshalb man ihn aus dem Basler Kloster entfernen wollte. Doch griff der Rat ein und sicherte den Verbleib Pellikans und seiner klösterlichen Gesinnungsfreunde in Basel. Zudem erhielt er 1523 eine Professur an der Universität. Seinen fachlichen Neigungen entsprechend, legte er das Alte Testament aus, zuerst mit einer Vorlesungsreihe zur Genesis und hernach zu den Sprüchen Salomos. Glücklich war Pellikan indes nicht geworden. Er litt unter den Anfeindungen seiner Ordensbrüder, der Streit mit Erasmus bekümmerte ihn und die anhaltenden Auseinandersetzungen um die Reformation in Basel erschwerten ihm das erwünschte ungestörte Gelehrtenleben. Deshalb ging er auf das Angebot Zürichs ein, 1526 als Professor an die dortige

Konrad Pellikan, Kupferstich von Theodor de Bry, 16. Jh. (Bibliothek des ev. Predigerseminars Wittenberg)

Lehranstalt («Prophezei») zu wechseln. Erst jetzt legte er die Mönchskutte ab, gründete eine Familie und kaufte ein Haus.

Drei Jahrzehnte lehrte er in Zürich, trug wesentlich zur alttestamentlichen Bibelauslegung aus dem hebräischen Urtext bei, gab Unterricht im Hebräischen, erforschte die jüdische Literatur und zog sie bei seiner eigenen Auslegung der Bibel bei. Das wichtigste literarische Ergebnis dieses langen Gelehrtenlebens war eine mehrbändige Auslegung aller biblischen Schriften – das einzige Beispiel für ein vollständiges Kommentarwerk zur Bibel im 16. Jahrhundert.

Bei seiner Auslegungsarbeit blieb Pellikan den von Erasmus aufgestellten Grundsätzen verpflichtet: Philologische Präzision, solide historische und theologische Erläuterungen. Insofern hat Pellikan Wesentliches dazu beigetragen, die Errungenschaften humanistischer Bibelauslegung für die protestantischen Kirchen fruchtbar zu machen.

U. G.

7.2. Vorlesungsnotizen des Kartäusers Jacob Louber

Petrus de Andelo, conclusiones Clementinarum, conclusiones libri Sexti Decretalium und weitere Vorlesungen
Handschrift Jacob Louber, um 1471
Universitätsbibliothek Basel, Mscr. C II 28, hier fol. 111v–112r
Lit.: Hürbin [2]1897; Burckhardt 1959.

Der schlicht, aber sorgsam gehaltene Codex, der die Notizen zu einer Vorlesung von Peter von Andlau (→ 1.1.) enthält, ist Teil des fast vollständig erhaltenen Studienmaterials von Jacob Louber (1440–1513). Dieses widerspiegelt das wissenschaftliche Leben, an dem der Student und spätere Prior der Kartause während elf Jahren an der Universität Basel teilnahm und das er selbst bereicherte.

Jacob Louber, der aus Lindau stammte, immatrikulierte sich 1466 an der Basler Artistenfakultät und wurde bereits eineinhalb Jahre später *Baccalarius in via moderna*. Nach seinem Magisterexamen 1470 führte er seine juristischen Studien fort, bis er 1476 zum Rektor berufen wurde. 1477 trat er in die Kartause ein, damals Brennpunkt des religiösen Lebens, und stand der Gemeinschaft nur drei Jahre später als Prior vor. Als Mann von breit gefächerten Interessen brillierte er weniger durch intellektuelle Leistungen als durch Strebsamkeit und Tatkraft. Von seinem Sinn für Ordnung und Struktur, gepaart mit dem Mut zu Reformen, profitierte nicht zuletzt die Klosterbibliothek, deren Ausbau er mit grossem Elan in Angriff nahm. Die Bestände vermochte er um 1200 Bände zu vermehren, während er gleichzeitig ihre vollständige Katalogisierung, Signierung und Betitelung vorantrieb (Burkhardt 1959, 178f.). Als geachteter, aber strenger Vorgesetzter war es ihm ein Anliegen, gelehrte Klosterbrüder wie den berühmten Johannes Heynlin (→ 5.1.) zu unterstützen, aber auch innerhalb der Schranken der klösterlichen Ordnung zu halten. 1501 verliess Louber aufgrund der Wahl zum Prior der Kartause Buxheim bei Memmingen Basel, kehrte aber 1507 zurück.

Die persönliche Büchersammlung, die Louber seiner Klosterbibliothek testamentarisch vermachte, zeugt nicht nur von seinem Wohlstand und seiner Sorgfalt, sondern auch von seinem akademischen Werdegang. Seine Abschriften und Notizen besuchter Vorlesungen umfassen unter anderem aristotelische Werke, die als Stoff der logischen Hauptvorlesung dienten, juristische Lesungen von Johannes Helmich de Bercka und solche von Johannes von Wesel. Seine eigene Lizentiatendisputation, die ebenfalls erhalten ist, bestätigt die wichtige Rolle von Peter von Andlau in Loubers Studienzeit. Dessen Vorlesung über die Klementinen und den Liber Sextus (Teile des *Corpus Iuris Canonici*, einer Sammlung römisch-katholischen Kirchenrechts) besuchte er 1471–1472. Die Abschrift davon, sauber strukturiert und ergänzt durch zahlreiche Glossen und Randnotizen, findet sich im hier abgebildeten Codex C II 28, der gemeinsam mit allen Büchern Loubers nach der Auflösung der Kartäuserbibliothek in die Universitätsbibliothek gelangte.

Methode und Inhalt der Vorlesung, die uns von keiner anderen Seite überliefert ist, sind für die Nachwelt insofern von besonderem Interesse, als sich hier die grosse Hinterlassenschaft des Juristen Peter von Andlau spiegelt: seine wegweisende Darstellung des deutschen Staatsrechts im Werk *Libellus de Caesarea monarchia* von 1460. Wie in seinem Buch legt von Andlau auch in seiner Vorlesung getreu der scholastischen Methode zunächst einen Rechtssatz vor und zieht dann einzelne Schlüsse daraus, als Kanonist stets darum bemüht, diese durch Bibelstellen und Zitate der Kirchenväter zu untermauern. Jurist bleibt er nichtsdestotrotz. Entsprechend dem Vorbild italienischer Humanisten dehnt er seine Konklusionen regelmässig auf das reichsstaatliche Recht aus, anstatt sie auf das kirchliche zu beschränken.

Auch inhaltlich scheint sich die Position von Andlaus nicht gewandelt zu haben. Er verteidigt hartnäckig die Oberhoheit des Papstes in kirchlichen und weltlichen Angelegenheiten. Das Konzil stehe nicht über dem Papst, sondern solle ihn als beratende Behörde unterstützen. Als einzige Ausnahme lässt von Andlau den Fall des Häresieverdachts gelten. Obwohl er den Reformbedarf der Kirche anerkennt und in praktischen Belangen durchaus zu Zugeständnissen bereit ist, bleibt er dem Dogma, dass geistliche Gewalt Vorrang vor weltlicher Gewalt hat, bedingungslos treu. Das Oberhaupt der Kirche ist Grundstein und Schlussstein. Die moralische und strukturelle Genesung des Klerus kann nicht gegen, sondern nur im Anschluss an die Institution der Kirche erreicht werden – durch Sittsamkeit und wissenschaftliche Bildung.

S. St.

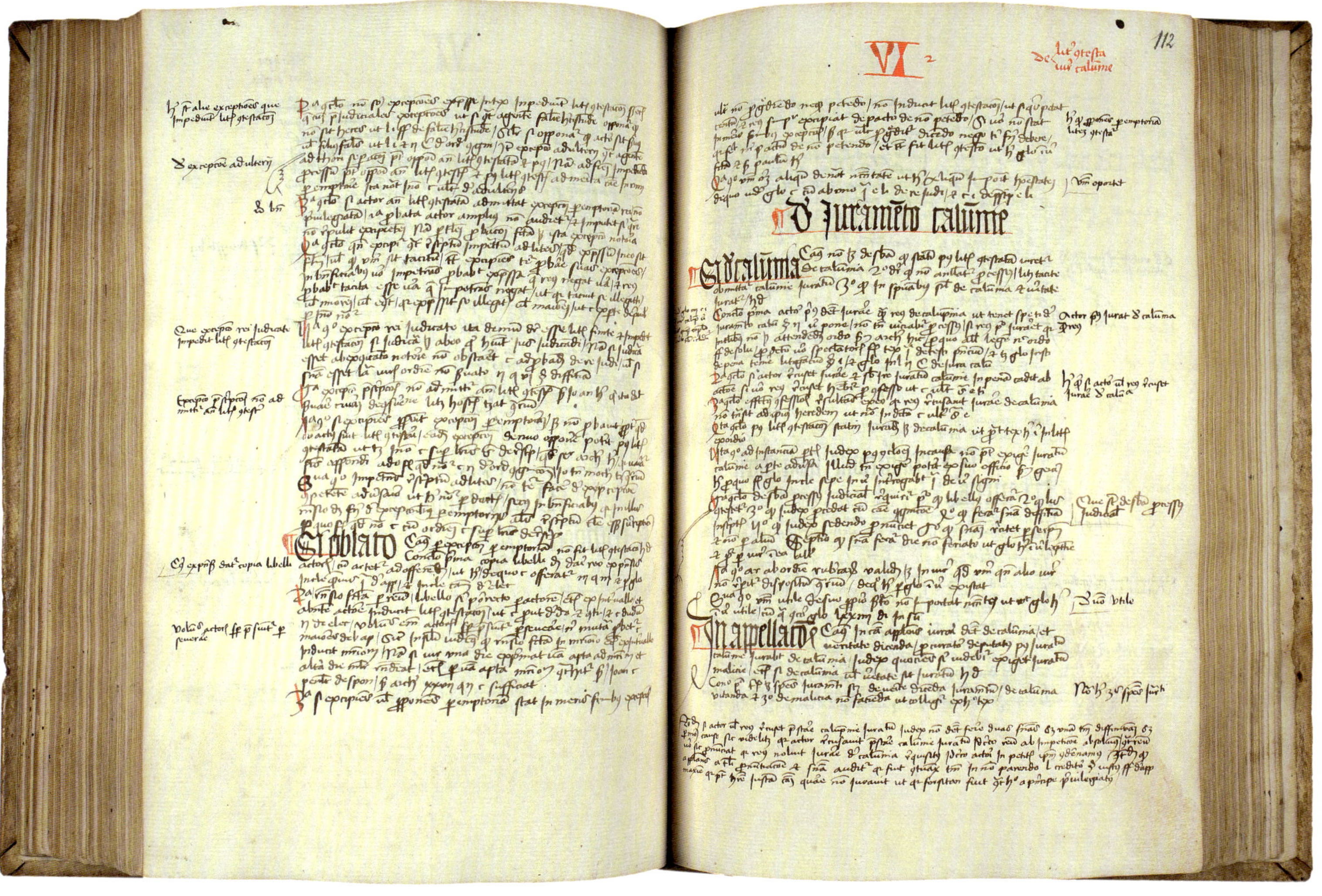

7.3. Der Büchernachlass von Arnold zum Luft

Staatsarchiv Basel-Stadt, Erziehung DD 2
Lit.: Wackernagel 1894; Bernoulli 1895; Burckhardt 1959.

Index Voluminum quae venerabilis et Eximis Vir D. Arnoldus zum Luft u. Juris Doctor, ac Insignis Ecclesiae Basiliensis Canonicus, ad librariam Cenobÿ religiosorum fratrum minoris Basiliaee, in animae Suae remedium donavit et ordinavit.

Katalog der Bände, die der verehrungswürdige und erhabene Herr Arnold zum Luft, Doktor beider Rechte, Domherr der angesehenen Kirche Basels, der Bibliothek der Ordensgemeinschaft der minderen Brüder Basels zum Heil seiner Seele geschenkt und angeordnet hat.

An der Persönlichkeit von Arnold zum Luft (1453–1517) wird nicht nur die enge personelle Verbindung zwischen der jungen Universität und den Basler Klöstern deutlich, sondern auch der wechselseitige Nutzen, den beide aus eben dieser Verbindung zogen. Als Domherr am Münster und bischöflicher Offizial diente zum Luft, Doktor beider Rechte, der Universität als Professor, 1500 und 1508 als Rektor und 1511 als Vizekanzler. Mit der testamentarischen Übertragung seiner persönlichen Büchersammlung an das Barfüsserkloster, von der das hier abgebildete Dokument Zeugnis gibt, folgte er einer Tradition, von der die Gelehrten und Drucker der Stadt Basel täglich profitierten. Besonders während des Konzils waren durch Schenkungen und Nachlässe immer wieder grössere Mengen von Büchern an die örtlichen Klosterbibliotheken gelangt. Nicht nur den Ordensmitgliedern stand damit ein wachsender Bestand an wertvollen Drucken und Handschriften zur Verfügung, sondern auch den Gelehrten, Universitätsangehörigen und Druckern, die die Bücher zu Studienzwecken verwenden und ausleihen konnten. Die frisch gegründete Universität hätte kaum ihre juristischen Vorlesungen halten können, wäre sie nicht gleich zu Beginn von den Franziskanern mit den notwendigen kanonistischen Texten versorgt worden (Burkhardt 1959, 179).

Wie wichtig Arnold zum Luft das Anliegen war, seine Bücher mögen auch nach seinem Tod der Wissenschaft dienen, zeigt sich an der Sorgfalt, mit der er diese pflegte und katalogisierte. Dank seiner präzisen Liste, die der oben abgedruckten Widmung folgt, lässt sich seine Sammlung nicht nur inhaltlich charakterisieren, sondern auch historisch weitgehend nachverfolgen. Es handelt sich um einen eindrucksvollen Handapparat von 122 Werken fast ausschliesslich juristischen Inhalts. Dass zum Luft einen Teil seiner Studienzeit in Siena verbrachte, wo er 1473 promovierte, erklärt womöglich die bemerkenswerte Ausgewogenheit zwischen römischem und kanonischem Recht in seiner Sammlung. Nur teilweise entstammten die Bücher dem Nachlass der eigenen Familie.

Die prächtigen Bände, viele davon italienische Inkunabeldrucke, waren überwiegend in Halbleder oder Halbpergament eingebunden und hatten glatte, braune Holzdeckel. Die hinteren Deckel waren mit Ringen versehen, an welchen ursprünglich eine eiserne Kette angebracht war. Deren anderes Ende war am Bücherschaft oder Pult befestigt, so dass die Bücher vor Ort geöffnet, jedoch nicht gewaltlos entfernt werden konnten. Das Titelschild war mit kalligraphisch gotischer Beschriftung versehen, und selten fehlte das handschriftliche, mit dunkelbrauner Tinte eingetragene Exlibris von zum Luft. Die einheitliche Gestaltung lässt vermuten, dass stets die gleiche Werkstatt das Barfüsserkloster belieferte (Burkhardt 1959, 182).

Wie wurde mit dem so wertvollen Nachlass zum Lufts nach seinem Tod verfahren? Die Bücher wurden, wie es seinem Willen entsprach, dem Barfüsserkloster übergeben. Seinem Legat war indes die Bedingung angefügt, dass seinen Verwandten, unter anderem den Geschlechtern Meyer und Iselin, das Nutzungsrecht zur wissenschaftlichen Arbeit vorbehalten sein solle. Dies führte dazu, dass Bürgermeister Adalberg Meyer (1474–1548) die Sammlung bei der Auflösung des Konvents für sich reklamierte und Teile davon weitergab. Sein Vetter Ulrich Iselin etwa erhielt 48 Bände für seine Studien, diverse weitere wurden an Bonifacius Amerbach verliehen. Dass letztere nicht oder nur teilweise zurückgebracht wurden, bezeugt die Regenz der Universität, die noch 1660 den Rat auf den Misstand hinwies. Auf grösseren und kleineren, nicht lückenlos nachvollziehbaren Umwegen gelangten schliesslich die meisten Stücke der Sammlung, ebenso wie die anderen Bestände der aufgelösten Klosterbibliotheken, an die Universitätsbibliothek. Nur ein Dutzend Bände ist bis heute unauffindbar geblieben.

S. St.

Index Voluminum que Venerabilis et Eximius vir D. Arnoldus zum Luft. V. Iuris Doctor, ac Insignis Ecclie Basilien Canonicus, ad librariam Cenobij Religiosorum fratrum minorum Basilee, In aie sue remedium, donavit et ordinavit.

ff Vetus
ff Nouu } scripta in pirgameno ×
Codex

ff infortiatum
ff nouu
Codex
paruu volumen
Institutiones scripte in pirgameno
Suma Azonis super Codice
Odofredus super Codice
Cynus super Codice
Prima ps Barto. sup ff veteri
Secunda pars Barto. sup ff veteri
prima ps Barto. sup ff infortiati
Secunda ps Barto. sup ff infortiati
prima pars Barto. sup ff nouo
Secunda pars Barto. sup ff nouo
prima pars barto. super Codice
Secunda pars Barto. super Codice
Baldus super ff veteri
Baldus sup infortiato et ff nouo
prima pars Baldi super Codice
Secunda pars Baldi super Codice

7.4. Notiz des Klosterbibliothekars Schweblin

Staatsarchiv Basel-Stadt, Klosterarchiv Prediger N 11
Lit.: Escher 1917; Schmidt 1919; Lehmann 1922; Vernet 1961.

Chirographum Suevuli
Hunc librum divi Gregorii Nazianzeni pertinentem monasterio fratrum ordinis praedicatorum in Basilea eripuit frater Johannes Ulricus Suevulus ne veniret in manus impii Lamp aut aliorum hereticorum sed maneret orthodoxis ad honorem domini nostri Jesu Christi anno 1529

Schweblin, von eigener Hand
Dieses Buch des heiligen Gregors von Nazianz aus dem Bestand des Klosters der Brüder des Predigerordens in Basel hat Bruder Johann Ulrich Schweblin entnommen, auf dass es nicht in die Hände des gottlosen Lamp oder anderer Häretiker komme, sondern den Rechtgläubigen bleibe, zur Ehre unseres Herrn Jesus Christus. Im Jahre 1529

Hinter der unscheinbaren Notiz aus dem städtischen Klosterarchiv stehen Menschen und Ereignisse, die beispielhaft die Verflechtung von Wissenschaft, Religion und Politik zur Zeit der Basler Reformation widerspiegeln. Es handelt sich bei dem losen Zettel um einen «Stellvertreterschein», der an Stelle eines Codex in der Klosterbibliothek des Predigerordens zurückgelassen wurde, als dessen Mitglieder in Folge der Reformation die Stadt verliessen. Verfasser war der letzte Klosterbibliothekar, Frater Suevulus (Schweblin). Dieser sorgte sich nicht nur um das Wohl seiner Bücher, um die sich der Orden seit dem Ende des 15. Jahrhunderts eher schlecht als recht gekümmert hatte, sondern hinterliess darin als treuer Verfechter des alten Glaubens zahlreiche Glossen mit Seitenhieben gegen die Reformatoren. Hier seien Lutheraner beschrieben, kommentierte er etwa ein griechisches Manuskript, das die von Häretikern ausgehende Verwirrung behandelte.

Beim Verlassen des Klosters schmerzte es Schweblin offenbar, die wertvollen Bestände der Bibliothek im Stich lassen zu müssen, und er entschied sich, wenigstens eines vor dem Zugriff der «Häretiker» zu schützen. Es ist nicht schwer zu erraten, dass mit dem «gottlosen Lamp», in dessen Hände der Gregor nicht fallen sollte, der ihm wohlbekannte Johannes Oeko-«lamp»-ad (→ 8.1.) gemeint war. Dessen Inanspruchnahme «seiner» Bücher war ihm wohl schon früher ein Dorn im Auge gewesen. Ein Chrysostomus-Codex aus dem Predigerkloster, den zuvor Capito ausgeliehen hatte, wurde von Oekolampad während eines Aufenthalts auf der Ebernburg 1522 verwendet. Schweblin, so erwähnt Oekolampad in einem Brief, traf ihn dort auf der Durchreise – wobei der Besuch wohl eher dem Codex als dem späteren Reformator galt.

Was hatte es aber mit dem «Gregor» auf sich, der Schweblin so am Herzen lag? Der Codex hat eine lange Vor- und Nachgeschichte. Er war Teil des umfangreichen Nachlasses von Johannes von Ragusa. Dieser war als Konzilsteilnehmer nach Basel gekommen und wurde als Dominikaner im Predigerkloster einquartiert. Als er 1435 zu Verhandlungen nach Konstantinopel geschickt wurde, erwarb er dort wertvolle griechische Handschriften – unter anderem Manuskripte, die später von Erasmus (→ 4.1.) für dessen Ausgabe des Neuen Testaments verwendet wurden. Auch der besagte Gregor gehörte zu den Schätzen dieser Sammlung. Aus Dankbarkeit für die Gastfreundschaft, die ihm vor und nach seiner Rückkehr zuteil geworden war, vermachte von Ragusa dem Predigerkloster all seine Bücher – unter der Bedingung, sie seien gut zu versorgen, nicht zu entfremden oder zu verkaufen sowie dem Stifter jederzeit auszuleihen.

Was aber geschah mit dem Gregor, den Schweblin bei seiner Flucht 1529 mitnahm? Lange Zeit wurde fälschlicherweise vermutet, er sei bei einer letzten Räumungsaktion des Predigerklosters von 1612 doch noch in die Universitätsbibliothek gelangt (Schmidt 1919, 178). Dem ist jedoch nicht so. Auf unbekanntem Wege gelangte der Codex in die Hand des Druckers Hieronymus Froben, der ihn dem Kurfürst Ottheinrich von der Pfalz für dessen berühmte «Bibliotheca Palatina» in Heidelberg übergab (Lehmann 1922, 177). Dort geriet er einige Zeit später wiederum zwischen die Fronten eines Religionskrieges. In Folge der Eroberung der Kurpfalz durch Truppen der katholischen Liga wurde die ganze Bibliotheca Palatina nach Rom transportiert und 1623 der Bibliotheca Apostolica Vaticana einverleibt. Dort liegt Schweblins Gregor noch heute («Sermones Gregorii archiepiscopi Constantinopolitani. Gr. 33», Bibl. Apost. Vat. Pal. gr. 402). Dass es sich tatsächlich um dasselbe Buch handelt, bezeugt der Text von unserer Notiz, der sich im exakten Wortlaut auf fol. 6 des Codex wiederfindet.

S. St.

Chirographum Surganti
[illegible]

26

Hunc librum dni Gregorij Nazianzeni pertinentem
monasterio fratrum ordinis predicatorum in Basilea
recepit frater Iohannes Ulricus Surgantus ne veniret
in manus impij Lamp aut aliorum hereticorum sed
maneret orthodoxis ad honorem dni mei Iesu Christi
anno 1 5 2 9

8. Reformation

Der Weg zur neuen Ordnung

Lit.: Guggisberg 1982; Gäbler 1991; von Greyerz 2000; Strohm 2005.

Es waren Drucker, die in Basel als Erste reformatorisches Gedankengut aufnahmen. Seit 1517 brachten sie in grosser Zahl Schriften der Wittenberger Reformatoren Martin Luther und Philipp Melanchthon heraus. Mit ihren Erzeugnissen bedienten sie einen internationalen Markt. Über den Kreis der Drucker und ihrer gelehrten Mitarbeiter hinaus machte sich in der Basler Bevölkerung erst nach 1520 eine kirchenkritische Stimmung bemerkbar. Predigten griffen das traditionelle Kirchenwesen an, Prozessionen wurden gestört, Fastengebote demonstrativ übertreten. Mit Unterstützung des Rates mahnte der Basler Bischof 1522 zur Einhaltung der herkömmlichen Lehre und Ordnung.

Die Mahnung des Bischofs blieb ohne Erfolg. Die Lage spitzte sich zu, als der Rat die Entfernung missliebiger Franziskaner, unter ihnen Konrad Pellikan (→ 7.1.), aus Basel verhinderte – sie hätten nichts anderes «gepredigt als das wahre Wort Gottes, das heilige Evangelium». Der Rat rüttelte damit an den Grundfesten der mittelalterlichen Kirche, denn er nahm das Richteramt über die christliche Lehre für sich in Anspruch, das bisher unbestritten dem geistlichen Stand vorbehalten war. Befürworter und Gegner der kirchlichen Erneuerung begannen sich zu formieren.

Die beharrenden Kräfte konzentrierten sich beim Stadtadel, wohlhabenden Kaufleuten, Professoren der Universität und am bischöflichen Hof. Mit intellektueller Schärfe und kirchenpolitischem Geschick verteidigten sie das traditionelle Kirchenwesen. Die Reformwilligen konnten auf Angehörige der niedrigen Geistlichkeit, hervorragende Theologen wie Oekolampad (→ 8.1.) und Pellikan, auf die Mehrheit der Handwerker, Kleinhändler und einige Klosterangehörige zählen. Bald zeigte sich, dass die Spannungen in der Stadt über religiöse Fragen wie Fastenordnung, Klosterwesen, Heiligenverehrung, Prozessionen und Wallfahrten hinausging. Forderungen nach ökonomischen und politischen Veränderungen wurden laut. Handwerker beklagten sich über monopolistische Praktiken und billige Importe von Händlern sowie über Klöster, die ohne Bindung an irgendeine Zunftordnung Waren preisgünstiger produzierten. Zudem verlangte man eine Änderung der Stadtverfassung, um einer grösseren Anzahl von Zunftmitgliedern die Mitwirkung an politischen Entscheidungsprozessen zu ermöglichen. Bedrohlich wurde die Lage, als Bauern von der Landschaft vor der Stadt erschienen und bessere Lebensbedingungen forderten. Der Rat konnte die Wogen glätten, indem er die Wünsche nach politischen Veränderungen zurückwies, die Bauern mit Versprechungen abspeiste und nur den Handwerkern mit einer neuen Gewerbeordnung entgegen kam.

Auf keinerlei Verständnis in den führenden kirchlichen und politischen Kreisen der Stadt konnten die Täufer rechnen. Ihrer Auffassung nach verlange konsequenter Gehorsam gegenüber der Bibel die unverzügliche Aufrichtung einer brüderlichen Gemeinschaft aller Christusgläubigen mit der Absage an irgendein politisches Engagement. Diese entschiedene Haltung stiess bei allen Seiten auf Ablehnung. Die Täufer sahen sich harter Verfolgung ausgesetzt.

Mit dem Jahr 1525 setzte eine neue Entwicklung ein. Die kirchenkritische Verkündigung verfehlte ihre Wirkung nicht. Traditionelle Frömmigkeit zerbröckelte. Klöster gerieten in Auflösung. Die reformatorischen Prediger begannen über die Kritik an den traditionellen Lebensformen der Kirche hinaus sich auf das religiöse Zentrum der mittelalterlichen Kirche zu richten. Sie bestritten der Kirche ihren sakramentalen Charakter und damit ihre Rolle als Vermittlerin der Heilsgaben. Weder sei nämlich die Taufe eine notwendige Handlung, um selig zu werden, noch diene die Messe zur Vergebung der Sünden. Die Kirche verfüge keineswegs über die Mittel des Heils, denn sie sei ja selbst eine Folge der Verkündigung des Evangeliums. Nach Auffassung der Reformwilligen müsse diesem Wesen der Kirche ihre Ordnung bei Gottesdienst, Pfarrerstand und Gemeindeaufbau entsprechen. Folgerichtig verzichteten die evangelischen Prediger seit 1525 auf das Feiern der sonntäglichen Messe. Stattdessen hielten sie Predigtgottesdienste.

Schon bisher konnten in Basel Traditionalisten und Erneuerer ungehindert ihre Meinung äussern. Nun ging die Vielfalt noch einen Schritt weiter, indem sogar beim Zentrum religiöser Praxis, dem öffentlichen Gottesdienst, unvereinbare Unterschiede zugestanden wurden. Die Predigtvielfalt ging in Kultusvielfalt über. Der Rat liess gewähren, solange kein Aufruhr drohte.

Zu Ende 1528 trat die Entwicklung in eine neue Phase. Eine Versammlung von Zunftmitgliedern verlangte von der politischen Führung der Stadt ein unzweideutiges Bekenntnis zur Reformation. Der Rat zögerte. Am 8. Februar 1529 erhöhten die Zünfte den Druck und stellten dem Rat ein Ultimatum. Als dieser nicht sofort darauf einging, brach am folgenden Tag ein Bildersturm los. Er galt zuerst dem Münster und griff dann auf weitere Kirchen über. Unter dem Eindruck von Gewalt und Volksauflauf handelte der Rat sofort und willigte in die Forderungen der reformatorischen Partei ein. Messe, Heiligenbilder und Heiligenstatuen wurden verboten; traditionalistische Priester ihres Amtes entsetzt; Klöster kamen unter staatliche Kontrolle; zwölf reformationsfeindliche Ratsherren mussten abtreten; die Stadt nahm kirchliche Gebäude in Besitz. Das Domkapitel verliess Basel, dem in Pruntrut residierenden Bischof blieb der Zugang zur Stadt verwehrt; einzelne Professoren und Studenten wanderten aus, so auch Erasmus von Rotterdam (→ 4.1.).

Nach dem Verbot des traditionellen Kirchenwesens folgte mit einem Ratsmandat (→ 8.2.) am 1. April 1529 rasch die Neuordnung der Basler Kirche auf reformatorischer Grundlage.

Insgesamt brachte die Reformation weder für die politischen Institutionen noch für das Wirtschaftsleben einschneidende Veränderungen. Den tiefsten Wandel machten Kirche und Universität durch. Sie durchliefen eine vergleichbare Entwicklung. Die politische Führung machte beide in erhöhtem Masse dem städtischen Gemeinwohl dienstbar, was deren bisherige Eigenständigkeit erheblich verringerte.

U. G.

Johannes Oekolampad, Kupferstich von Theodor de Bry, 16. Jh. (Universitätsbibliothek Basel)

3.1. Eine Lebensgeschichte: Johannes Oekolampad

* 1482, † 1531
Lit.: Staehelin 1927/1934 u. 1939; Guggisberg 1984; Gäbler 1995.

Johannes Oekolampad stammte aus dem pfälzischen Weinsberg. Der Vater war Bürger der Stadt, die Mutter Anna Pfister gehörte einem Basler Ratsgeschlecht an. Den Familiennamen Heusgen oder Husschin (im Sinne von Häuschen) leitete man von «Hausschein» ab, was nach Humanistenart zur griechischen Namensform «Oekolampad» führte. Bis zu seinem vierzigsten Lebensjahr, als Oekolampad ständig in Basel Aufenthalt nahm, konnte er reiche wissenschaftliche und kirchliche Erfahrungen sammeln. Er half Erasmus (→ 4.1.) als philologischer Experte für das Hebräische, übersetzte griechische Kirchenväter ins Lateinische, erwarb den theologischen Doktorgrad, amtete als Pfarrer im heimatlichen Weinsberg, diente dem Bischof von Basel als Fachmann für Buss- und Beichtfragen, wirkte als Domprediger in Augsburg, verbrachte zwei Jahre im bayrischen Birgittenkloster Altomünster (bei Dachau) und publizierte eine grundlegende Schrift zur Beichte.

In dieser Beichtschrift vom Jahre 1521 kritisiert Oekolampad die mittelalterliche Busstheologie und die gängige Beichtpraxis. Demgegenüber tritt er dafür ein, der Beichte den Strafcharakter zu nehmen und sie als kirchliches Erziehungsmittel zur Hebung von Sitte und Moral einzurichten. Zugrunde liegt dieser Konzeption eine deutliche Unterscheidung von weltlichem und kirchlichem Umgang mit Verstössen gegen Sitte und Moral. Die «Stadt», die bürgerliche Obrigkeit, bestrafe, die Kirche hingegen «erziehe». Die Stadt urteile zum Tode, die Kirche führe zum Leben. Diese Zuweisung einer besonderen erzieherischen Aufgabe der Kirche in der Gesellschaft blieb für Oekolampads weiteres Lebenswerk bestimmend.

Als Oekolampad Ende 1522 nach Basel kam, hatte die reformatorische Bewegung bereits Fuss gefasst. Bald wurde er zu ihrer unangefochtenen Leitfigur. Nach der Entfernung von in Ungnade gefallenen Universitätslehrern erhielt er im Juni 1523 durch den Rat gegen den Willen der beharrlich traditionalistisch eingestellten Universität, gemeinsam mit Konrad Pellikan (→ 7.1.), eine Professur. An der Universität widmete er sich der alt- und neutestamentlichen Bibelauslegung. Zugleich amtete er als Pfarrer, seit 1525 an der Martinskirche und seit 1529 am Münster. Zusammen mit mehreren Pfarrkollegen und unter wohlwollendem Zusehen des Rates trieb Oekolampad die Umwandlung des traditionellen Kirchenwesens voran und trug schliesslich zu dem die Reformation endgültig durchsetzenden Ratsmandat vom 1.April 1529 bei (→ 8.2.). Erfolg hatte er mit seinem Eintreten für eine besondere kirchliche Behörde zur Behandlung von sittlichen Vergehen. Ein aus Geistlichen und Laien zusammengesetztes Gremium konnte Fehlbare vom Abendmahl ausschliessen. Damit bewahrte sich in Basel die reformierte Kirche durch Oekolampad eine eigenständige Rolle gegenüber der bürgerlichen Obrigkeit. Mit dieser Regelung konnten sich andere evangelische Städte wie Zürich und Bern nicht anfreunden. Wohl wird sie später unter Calvins Einfluss in Genf und darüber hinaus breite Wirkung entfalten.

Sicherlich beteiligte sich Oekolampad an der Reorganisation der Universität (→ 8.3.). Seine Lehrtätigkeit setzte er nach 1529 unvermindert fort. Nachmittags um drei Uhr legte er einen biblischen Abschnitt in lateinischer Sprache aus, und im Anschluss daran behandelte er denselben Text in deutscher Sprache für eine allgemeine Zuhörerschaft. Dieses Verfahren lehnte sich an die Praxis der Zürcher Prophezei an.

Über die Grenzen Basels hinaus hat Oekolampad gewirkt durch sein reformatorisches Schrifttum (Predigten, Bibelkommentare, Kirchenväterübersetzungen, theologische Abhandlungen) sowie durch die Teilnahme an den beiden für die Reformation in der Schweiz bestimmenden Disputationen von Baden (1526) und Bern (1528). Seit 1528 war Oekolampad mit Wibrandis Rosenblatt (1504–1564) verheiratet. Von den drei Kindern erreichte nur die in seinem Todesjahr geborene Aletheia das Erwachsenenalter.

Oekolampad gehörte mit seinen Kenntnissen der Kirchenväter zu den führenden Gelehrten seiner Zeit. Die Verwurzelung in der Wissenschaft, verknüpft mit Augenmass in der Kirchenpolitik und mit Gelassenheit im mitmenschlichen Umgang, liessen ihn ohne tiefere Konflikte erfolgreich für die Reformation in Basel wirken.

U. G.

8.2. Reformationsordnung der Basler Kirche

Basel, 1. April 1529
Staatsarchiv Basel-Stadt, Ratsbücher B 6, fol. 42–58
Lit.: Roth 1937 (Edition), Nr. 473.

Nachdem der Basler Rat am 9. Februar 1529 den traditionellen Kultus verboten und seine Verteidiger aus den führenden Gremien entfernt hatte, nahm er unverzüglich die Umgestaltung des Kirchenwesens nach reformatorischen Grundsätzen an die Hand. Schon am 1. April 1529 erliess er die entsprechende «Reformationsordnung». Die präzisen Umstände ihrer Entstehung liegen im Dunkeln. Sicher ist, dass Johannes Oekolampad (→ 8.1.) zu einzelnen Abschnitten schriftliche Vorarbeiten beisteuerte, obwohl er kein Mitglied des vorbereitenden Ausschusses war. Als Ganzes widerspiegelt die Ordnung seine leitenden theologischen Grundsätze.

Die bürgerliche Obrigkeit nimmt mit der Reformationsordnung für sich in Anspruch, als christliche Obrigkeit von Gott die Aufgabe und die Macht erhalten zu haben, für ein gottgefälliges, christliches Zusammenleben nach den Massstäben der Heiligen Schrift zu sorgen. Deshalb geht das Mandat weit über eine Kirchenordnung hinaus. Es enthält nach den eigentlichen kirchlichen Bestimmungen im engeren Sinne wie Verkündigung, Pfarrerstand, Gemeindeorganisation und Sakramentslehre auch zahlreiche Sittengesetze und Strafbestimmungen.

Die reformierte Kirche wird als ein Teil in die städtische Gemeinschaft integriert, ihrem Wohlergehen hat sie zu dienen. Die Kontrolle darüber obliegt der politischen Führung von Stadt und Landschaft Basel. Aus diesem Grund wird von der christlichen Verkündigung wohl erwartet, dass sie das reformatorische Hauptanliegen von Christus als dem alleinigen Grund und Mittler des Heils ins Zentrum rückt. Doch zugleich soll sie zur Busse rufen und Missstände aufzeigen. Fehlbare Personen seien zu verwarnen und bei Halsstarrigkeit öffentlich vom Abendmahl auszuschliessen. Der Massstab des friedlichen Miteinanders gilt auch für die Schriftauslegung, denn Streitigkeiten über die Bibel seien sowohl durch dogmatische Erörterung als auch durch ethische Erwägungen zu entscheiden.

Grosszügig geht das Mandat mit ehemaligen Priestern und Ordensleuten um. Sie können in der Stadt bleiben, sofern sie sich ruhig verhalten und davon absehen, den abgeschafften mittelalterlichen Kultus wieder zu beleben.

Die Universität wird nur knapp erwähnt, da ihr später eigene Ordnungen gewidmet werden (→ 8.3.; 8.5.). Immerhin sichert die Reformationsordnung den Bestand von zwei theologischen Professuren, eine für das Alte und eine für das Neue Testament. Diese Lehrstühle besetzten Johannes Oekolampad und der aus Strassburg gekommene Paul Phrygio (1483–1543). Der Besuch dieser akademischen Vorlesungen wird allen ehemaligen Priestern zur Pflicht gemacht. Durch die biblische Unterweisung sollten sie sich das Rüstzeug aneignen, um allenfalls als evangelische Pfarrer amten zu können. Ausserdem betont die Reformationsordnung die Notwendigkeit, an der Universität über das Lateinische hinaus auch die hebräische und griechische Sprache besonders zu pflegen. Tatsächlich gelang es, für diese beiden Lehrstühle hervorragende Gelehrte an die Universität zu binden: Der ehemalige Franziskaner Sebastian Münster (1488–1552), ein Schüler Pellikans (→ 7.1.) und Johannes Reuchlins, wechselte von einer Heidelberger Professur nach Basel. Der prominente Gräzist Simon Grynaeus (1493–1541) kam durch besondere Vermittlung von Oekolampad ebenfalls aus Heidelberg und wurde zum Begründer der Basler Gelehrtendynastie der Grynaeus.

Die Reformationsordnung wurde in einer Auflage von 500 Exemplaren gedruckt und Mitte April den Ämtern auf der Landschaft zugestellt, um jeder Gemeinde bekannt gemacht zu werden.

Mit der Reformationsordnung und dem im Jahre 1534 aufgestellten Glaubensbekenntnis (so genannte Erste Basler Konfession) hat sich Basel die Grundlage für ein reformatorisch bestimmtes Gemeinwesen gegeben – ähnlich wie andere Schweizer Städte, etwa Zürich oder Bern. Auffallend ist, dass Basel wohl eine scharfe antikatholische und antitäuferische Politik betreibt, aber innerreformatorischen Abweichlern vergleichsweise mit auffallender Liberalität begegnet. Bis in das 17. Jahrhundert hinein wird sich die Stadt eine vermittelnde Position in den Kontroversen zwischen reformierter und lutherischer Konfessionspartei erhalten.

U. G.

Ordnung ſo ein Erſame Statt Baſel den erſten tag Apprilis in irer Statt vnd Landtſchafft fürohyn zehalten erkant.

Darinnen/wie die verworffene mißbrüch/mit warem Gottes dienſt erſetzt. Auch wie die Laſter/ſo Chriſtlicher dapfferkeit vnträglich/ Gott zů lob/abgeſtelt/vñ geſtrafft werden ſollen/vergriffen iſt. Als man zalt nach der geburt Chriſti

M. D. XXVIIII.

8.3. Gutachten von Oekolampad zur neuen Universität

Oecolampadii iudicium de schola, ~1530
Universitätsbibliothek Basel, Mscr. H IV 17
Lit.: Thommen 1889, 301–311 (Edition u. Übersetzung); Staehelin 1934, 313–316 (Edition); Bonjour 1960, 116–118; Teuteberg 1979; Gäbler 1995.

Die Kritik an der bisherigen Wissenschaftstradition könnte schärfer nicht sein: Unverstand und Barbarei, Eitelkeit in Leben und Worten und dass mehr Wert auf Titel als auf eine gute Philosophie gelegt werde – all dies sollten vermeintliche «Gelehrte» über die Universität Basel gebracht haben. Im Zuge des Universalienstreites (→ 5.) im Hochmittelalter hätten sie von heiligen Dingen allzu weltlich gesprochen, aber trotz ihrer Bemühungen das Wichtigste nicht erreicht – die Erkenntnis der Wahrheit.

Der Mann, der diese Vorwürfe erhebt, ist kein Geringerer als Johannes Oekolampad (→ 8.1.).

1523 hielt der Basler Theologe zum ersten Mal öffentliche Vorlesungen. Seine reformfreundliche Einstellung, die sich auch in der Art seines akademischen Wirkens niederschlug (Vorlesungen wurden auf Deutsch gehalten, so dass Basler aller Stände unter den Zuhörern weilten), brachten ihm viel Vorbehalte und Misstrauen seitens der ordentlichen Professoren ein. Doch Oekolampad setzte seinen Weg unbeirrt fort – immerhin erfreute er sich der Unterstützung des Rates der Stadt. Man wusste seine fundierte Bildung, die sich unter anderem in seiner ausserordentlichen Beherrschung des Hebräischen ausdrückte, und die damit einhergehende Anziehungskraft in Zeiten sinkender Studierendenzahlen zu schätzen.

Oekolampads Sachverstand und Reformationswille kommen auch in der Schrift *«iudicium de schola»* zum Tragen. Der Basler Gelehrte nimmt die eingangs aufgeführten Missstände im Bildungswesen nicht nur wahr, sondern sieht es als seine Pflicht an, Abhilfe zu leisten. In der Form eines Gutachtens unterbreitet er dem Basler Rat konkrete Vorschläge zur Erneuerung der Universität.

Bei den 16 Punkten, die das *iudicium* beinhaltet, fällt vor allem der moderne (und hochaktuelle) Gedanke einer Bildungschance für ärmere Schichten auf. So sollen die ordentlichen Vorlesungen kostenlos sein, Gastmahle und Schenkungen zum Anlass von Baccalaureaten und Magistraten entfallen und Studenten von der Gebühr von zwei Schilling zur Immatrikulation befreit werden.

Auch ein umfassender Bildungsbegriff, dem humanistischem Geist geschuldet, kommt zum Tragen – womöglich nicht zuletzt dank des freundschaftlichen Kontakts Oekolampads zu Erasmus von Rotterdam (→ 4.1.). So sollen die Bibelwissenschaften in den Ursprachen nach hebräischer und griechischer Wahrheit erlernt werden. Des Weiteren dürfen die Studenten erst dann ihre Studien aufnehmen, wenn sie über ausreichende Lateinkenntnisse verfügen. Auch ein Interesse an mehr Praxisvermittlung ist zu erkennen. Medizinstudenten sollen erlernen, Kräuter zu züchten und den Harn zu unterscheiden, die Studenten der Jurisprudenz Verhandlungen mitverfolgen und angehende Theologen frühzeitig damit beginnen, Predigterfahrung zu sammeln.

Die Verfasserschaft des Gutachtens wurde mehrfach in Zweifel gezogen. Bei dem abgebildeten Schriftstück handelt es sich um eine Abschrift des Originals, welches nicht erhalten ist. Nach heutigem Wissensstand kann Oekolampad mit hoher Wahrscheinlichkeit als Verfasser des in Latein verschriftlichten Originals angenommen werden. Lediglich der dritte Punkt scheint nicht aus seiner Feder zu stammen (Thommen 1889, 309). Die Abfassungszeit lässt sich nicht genau bestimmen, jedoch eingrenzen: Sie dürfte zwischen 1529 und 1531, also noch vor dem Wiederaufleben der Universität gelegen haben. Was ausser Zweifel steht, ist die Wirkung des Schriftstücks – es lassen sich grosse formale und inhaltliche Ähnlichkeiten mit den Universitätsstatuten vom September 1532 (→ 8.5.) feststellen. Oekolampad scheint mit seinen modernen Ideen die Vorlage dafür geliefert zu haben. Die von ihm angestrebte Reform der Universität erlebte er allerdings nicht mehr – er verstarb am 24. November 1531.

M. We.

4

6 Jm usslegung vnnd verlesung der gesatz habend wir das fürkommenn,
das die leser, die zůhörer mit vil comentarien vnnd glossen nit beladend,
sonder jnn einer gmein anzöigenn, wie mann die sprach füre, vnd den
lüten zum zů hilff komme sige, zum trüwlichstenn. Das ouch jetlichenn
ein geistlicher prophet glesen werd, den sy den zůhörern am nützlichstenn
sin vermeinenn. Sy sollend ouch niemanden lobenn, oder mit worten begaben,
er sig denn wyss vnnd jnn gschrifft erfaren. Denn wir wellend vil lieber
das wenig vnd die gelert, dann vil, vnnd die vngelert, mit vnnserenn
gotzgrüsstenn vonn Sinne scheidenn.

7 Jnn der artzny, so wellend wir, das man nit allein die vsseren ding
leere, sonder ouch die, durch die mann erkennen möge vnnserer lütenn
gelegenheit vnd arten, das sy ouch die ding, so zur practic dienen zů gůter
zit vnnd trüwlich leerend. Es soll ouch ein griechischenn leerer
trüwlich lesenn. Jren jüngenn sollend sy sommers zit die
krüter zöigenn, vnnd sy der krütern vnderscheid leerenn. Was ouch für
mangel jnn den appotecken sind, sollend sy jr jüngern vnd dem rat
mit trüwenn anzöigenn.

8 Die so griechisch lesenn, sollend Demosthenem oder Homerum lesenn, vnd mit
dann die bestenn leerer. Darzůn sollend sy für vnd für die themata jr
ursprung vnd eigenschafften, wenn sy etwas vonn der gmeine grammatic sich
sünderen anzöigenn.

9 Der hebreisch leser soll die grammatic lesen, vnd allweg etwas vss der
bibel usslegenn, vnd darjnn die radices erlütern, sampt den declinationen
vnd coniugation.

Jm Collegio sollend drig sin, die do vffsehens habenn, vnd teglich Epistolen
empfahen vnd offentlich bessern, sollend ouch ein oratio empfahen vnnd
bessern, vnd also die jugend übennd. Das soll je einer vmb denn anderenn
thůn.

10 Einer soll Dialectic vnd rethoric, sampt den zierlichheit Valle lesen. Der ander
soll historie vnd der dingen nature vss dem Aristotele vnd philosophi leerenn.
Der dritt soll Mathematica, Cosmographie, Arithmetic, vnnd Musicam leerenn.

5

11 Sy sollend sich flissenn, das sy all tag ein vermanung jnn der kilchen horen.

12 Sy sollend sich hütenn, das dheiner jrr bywoner usserhalb dem Collegio lige,
der do studieren wölle, damit sy sich nit vff dem müssig gang legen. Vnnd die so
sy zum drittenn mol gewarnet, sollend sy vssschliessenn.

13 Sy sollend niemanden jnn das Collegium zu jrer übung annemenn,
er könne dann zůvor sine declinationes vnd coniugationes vnnd zum teil
latin redenn. Die nit latin könnend, leerend das fürthin jnn den nidern
schůlenn.

14 Diser schůlenn sollenn zwo sin. Eine jm münster, die ander by Sannt peter.
Darjnn soll mann nit denn latin leere. Wer tütsch leere will, der soll das
anderschwo thůn.

15 Darjnn sollend drig classes oder ordnung sin. Die erste, die das abc leere,
denen soll man geben etwelche vsserlesene gebett, vnd die gebett vss dem
alten vnd nüwen gsatz, darjnn sy leere lesenn. Die ander, die do leere
declinieren vnd coniugieren, vss dem Donat, vnd dem anfang der griechischen
sprach. Die dritt, soll han etwas ein leerer, als Vergil vnd Terent.

16 Vnd so bald die jüngenn könnend latin geschicklich redenn, soll man sy jnn
das Collegium schickenn. Zů welchem dheine hoffnung ist, sollend denn
Elterenn by gůter zit angezöigt werdenn, damit, mann die zu handt
werchenn oder gwerbenn thůn möge.

Oecolampad.

8.4. Briefwechsel zwischen Oekolampad und Zwingli

DD Ioannis Oecolampadii et Huldrichi Zvinglii epistolarum libri quatuor, Basel 1536 (VD16, O 319)
Frey-Grynaeisches Institut, D II 28, hier S. 64
Lit.: Egli 1901, 41–50; Staehelin 1918, Nr. 82 u. 1927/1934, Bd. 2, 405–407, Nr. 715; 766–772, Nr. 979.

Zwingli und Oekolampad (→ 8.1.) waren noch keine fünf Jahre tot, als der Basler Drucker Thomas Platter den Plan fasste, seine neu gegründete Offizin durch eine aufsehenerregende Publikation bekannt zu machen. Nachdem der Streit um die Abendmahlslehre das protestantische Lager gespalten hatte, galten die Schweizer Reformatoren weithin als gefährliche «Schwärmer», und der frühe Tod der beiden Protagonisten wurde von vielen als göttliche Strafe gedeutet. Ihre Nachfolger und Anhänger sahen sich dazu herausgefordert, die Rechtgläubigkeit der beiden Reformatoren unter Beweis zu stellen und dafür zu sorgen, dass ihr Wirken nicht in Vergessenheit geriet. Als geeigneter Weg zur Ehrenrettung erschien Platter die Veröffentlichung einer Auswahl von Briefen, ergänzt durch einige kleinere Schriften, vor allem von Oekolampad.

Einen wichtigen Part übernahm bei diesem Vorhaben Theodor Bibliander, der in Zürich die Nachfolge Zwinglis als Professor für Neues Testament angetreten hatte. Ihm fiel die Aufgabe zu, dem Werk eine umfangreiche Verteidigungsrede voranzustellen. Oswald Myconius, der Nachfolger Oekolampads am Basler Münster, steuerte eine Biographie Zwinglis bei, während das Leben Oekolampads von dem Strassburger Reformator Wolfgang Capito bzw. von dem Basler Gräzisten Simon Grynaeus geschildert wurde. Capitos Kollege Martin Bucer schliesslich lieferte ein Geleitwort, das die Schweizer und Oberdeutschen vom Verdacht eines bloss symbolischen Abendmahlsverständnisses reinigen sollte. Wie heikel die Sache war, zeigt sich daran, dass Bucer als Verfasser anonym bleiben wollte – was zu seinem Ärger nicht respektiert wurde.

Der stattliche Foliant erschien rechtzeitig zur Frankfurter Frühjahrsmesse im März 1536. Bald schon stellte sich heraus, dass Bucers Bedenken nicht unbegründet waren. Nachdem seine Bemühungen um eine Beilegung des innerprotestantischen Konflikts dem Ziel gerade etwas nahegekommen zu sein schienen, wurde die neue Publikation auf lutherischer Seite als Provokation aufgefasst – beinahe brachte dies die Annäherung im letzten Moment zum Scheitern.

Das neu erschienene Werk trug indes nicht nur apologetischen Charakter, es sollte auch als Handbuch zu verschiedenen Fragen der Theologie und des kirchlichen Lebens dienen. Die Briefe und Schriften wurden thematisch in vier Bücher aufgeteilt und durch einen Sachindex erschlossen. Während sich die erste Briefgruppe mit allgemeinen theologischen Themen befasst, spiegelt das zweite Buch die Auseinandersetzung mit den Täufern. Eröffnet wird dieses Kapitel mit dem hier abgebildeten Schreiben des Täufers Balthasar Hubmaier (Pacimontanus) aus Waldshut an Oekolampad. Das dritte Buch ist der Abendmahlslehre gewidmet, während das vierte Fragen kirchlicher und weltlicher Lebensordnungen behandelt.

Wie die Herausgeber vorgingen, lässt sich an einem Brief Oekolampads an Johannes Zwick vom 3. Januar 1530 ablesen, der versehentlich zweimal abgedruckt wurde. Während in der ersten Fassung, die wohl dem verlorenen Original entspricht, konkret auf den Spiritualisten Johannes Bünderlin Bezug genommen wird, fehlt in der zweiten Fassung der Name; der Text ist stilistisch bearbeitet, und die angesprochene Fragestellung wird ins Allgemeine gewendet. Ob auch bei anderen Briefen so verfahren wurde, lässt sich nicht mehr überprüfen. Immerhin ist es den Herausgebern der Sammlung zu verdanken, dass zahlreiche im Original nicht mehr erhaltene Briefe wenigstens in dieser Form überliefert sind.

Geographisch ist der Horizont der Briefsammlung weit gespannt. Zwar hatten die Sieger des Zweiten Kappelerkriegs 1531 das politische Bündnissystem zerschlagen, das die Reformierten miteinander verband, doch in den hier erstmals veröffentlichten Korrespondenzen der beiden Kirchenleiter wird das von ihnen aufgebaute Netzwerk wieder greifbar. Von Basel und Zürich spannten sich zahlreiche Fäden zwischen den reformierten Städten und Orten der Eidgenossenschaft, aber auch weit hinaus ins Reich, etwa in die benachbarten oberdeutschen Städte und bis in entfernte Gegenden wie das schlesische Breslau. Der nachfolgenden Generation blieb es überlassen, dieses Beziehungsnetz erneut mit Leben zu erfüllen, wobei der Basler Universität mit ihrer zunehmenden internationalen Ausstrahlung eine entscheidende Rolle zufiel.

R. H.

A

DD. IOANNIS OECOLAMPADII ET HVLDRICHI ZVINGLII EPISTOLARVM Liber Secundus: ueri & falsi Baptismi Epistolas, & Catabaptistarum errores uarios complectens.

BALDASARVS PACIMONTANVS Pastor in Vualdtzhuot, Ioanni Oecolampadio S.

GRATIAM & pacem in Christo Iesu seruatore nostro. Nihil me offendisti, OECOLAMPADI Frater in Christo charissime: imò immodice profuisti nobis Demegorijs tuis, pro quibus tibi agimus gratiam nunquam intermorituram. Sed hoc unum optaui semper, ut de spiritus, aquæ, & sanguinis testimonio scripsisses augustius. Quod uero tibi non displicent libelli à Carolostadio super Eucharistia æditi, in primis placet, & omnium maxime: tametsi non sit suo stylo assecutus quod uoluerit. Id tamen res est, quod scripsit. Hanc sententiã iam pridem ex te libens euulsissem. sciebam etenim, aut forte diuinabam, te à nobis nihil dissidere. Verum tum semper respondebas mihi sub quodam uelamine, & quidem non incircumspectè: nam ita postulabat temporis opportunitas. Sed nunc est hora, qua palàm & super tecta prædicamus, quæ ante hac mussitabamus in penetralibus. Deus Opt. Max. sit benedictus, qui hoc libertatis spiritu nos, atq; pariter auditores nostros donauit. Timuissem profecto magnã turbelã, tragœdiamq; ea de re in populo hucusq; ter misere seducto, excitatam: sed Christus imperauit uentis. Scripsimus de Eucharistia uiginti conclusiones, item aliquot regulas de paranda mensa Domini: quas tibi nõ illibens misissem, uerum iam nõ sunt in meis manibus. Scribas igitur interim uel tribus uerbis ad me, quibus initijs aut ceremonijs, sine quibus fieri nequit, hæc cæna sit instauranda. Hoc die, qui in albo doctorum sunt Tiguri, conueniunt de baptismate paruulorũ, scripturæ locos collaturi. Vbi ZVINGLIVS cum suo Leone per diapason dissident à nobis. Palàm quippe docuimus iuxta Christi institutionem, paruulos haudquaquam esse baptizandos. Enimuero quis instituit baptismum? Nimirũ Christus. Vbi? Matthæi ultimo. Quibus uerbis? Euntes docete omnes gentes, baptizantes eos in nomine patris & filij & spiritussancti. Recte quidem. Cur ergo baptisamus paruulos? Baptismus, aiunt, signum nudũ est. quid tantopere digladiamur pro signo? Signum certe est, & symbolum prægnantibus ac augustissimis uerbis à Christo institutũ: scilicet, in nomine patris & filij, & spiritussancti. Qui nunc signum extenuat, aut eo abutitur, uerbis Christi ad signum institutis iniuriam infert: quamuis significatum illius signi symboliq; obstrictio, qua quis se obstringit Deo in mortem usq; fidei causa, sub spe resurrectionis ad uitam futuram, diligentius expendenda sit, quàm signum. Sed hæc significantia nequit cõuenire paruulis: ideo baptismus paruulorum est hædera absq; uino. Obligatio Deo fit in baptismate, quod hodie testatur symbolũ Apostolicũ, uere Apostolicam

1. Ioan. 5

B

8.5. Neues Universitätsstatut von 1532/39

Staatsarchiv Basel-Stadt, Erziehung X 2, R II A
Lit.: Thommen 1889, 12–31/301–332; Burckhardt-Biedermann 1896; Vischer 1910; Bonjour 1960, 121–132; Barge 1968, 485–497; Burnett 2006, 55–58 u. 2006a, 68–85.

Das Exponat gibt Zeugnis von den tiefgreifenden Umwälzungen, die die Reformation mit sich brachte und die auch die Universität Basel schwer in Mitleidenschaft zogen. Während die Basler Bürgerschaft in ihrer Mehrheit ab den frühen 1520er Jahren die Reformation enthusiastisch unterstützte, fand diese Bewegung in der Universität der Stadt so gut wie keine Resonanz. Als der Stadtrat sich 1523 auf Druck der Evangelischen dazu durchrang, vier reformationsfeindlichen Professoren die Besoldung zu entziehen und zwei evangelische Professoren, Konrad Pellikan (→ 7.1.) und Johannes Oekolampad (→ 8.1.), einzustellen, weigerte sich die Universität, diesen Schritt anzuerkennen. Und als das vom Rat erlassene Religionsmandat vom 1. April 1529 (→ 8.2.) den Übergang zur Reformation förmlich besiegelte, wanderte ein Teil der Professoren und Studenten im Protest nach Freiburg i.Br. ab; so auch Erasmus von Rotterdam (→ 4.1.). Der universitäre Lehrbetrieb brach praktisch zusammen.

Johannes Oekolampad bemühte sich jedoch nach Kräften, den akademischen Unterricht zu retten, und verfasste bald darauf ein Gutachten (→ 8.3.), in dem er einen ausführlichen Plan für die Wiederbelebung der Studien und die Reorganisation der Universität entwarf. Er rief Bürgermeister und Rat dazu auf, sich der *Academia* – eines von ihren Vorfahren übernommenen «Erbstücks, das wertvoller als Gold oder Silber sei» – anzunehmen und sie wiederherzustellen. In seinem *iudicium* setzt sich Oekolampad für einen unentgeltlichen, praxisnahen und auf die Quellen konzentrierten Unterricht ein. Obwohl Oekolampad am 23. November 1531 an der Pest starb, konnte weniger als ein Jahr später ein neues Universitätsstatut verabschiedet und die Vorlesungen, die in der Zwischenzeit nur sporadisch stattgefunden hatten, konnten in definitiver und regelmässiger Form wieder aufgenommen werden.

Die hier abgebildeten Statuten vom 12. September 1532 stellten die Grundlage für diesen Neuanfang dar. Ihre 16 Artikel enthalten Bestimmungen zur Wahl des Rektors unter den Professoren der vier Fakultäten (Theologie, Jura, Medizin, Artes) und regeln die Rechte und Pflichten der Universitätsangehörigen untereinander sowie gegenüber der Stadt Basel. Ihre Anfangszeilen schärfen ein, dass es nichts «Fruchtbareres und Ehrlicheres» gäbe, um das «Wort Gottes … zu erhalten» und den gemeinen Nutz zu fördern, «dann das die Jugend in guten Künsten und Leher vfwachsen und darzu gezogen werden».

Im Sommer 1538 wurde die Universität jedoch von einem neuen Konflikt erschüttert, der diesmal zwischen ihr und der Basler Geistlichkeit ausbrach. Einige Professoren, allen voran Andreas Karlstadt, forderten vom Rat zum einen die Zwangsimmatrikulation aller in Basel angestellten Pfarrer und Pfarrhelfer, die fortan der theologischen Fakultät zu Gehorsam verpflichtet sein sollten, und zum anderen, dass nur diejenigen einen akademischen Lehrstuhl innehaben dürften, die den Doktorgrad besässen.

Lebhaften Einspruch gegen diesen Antrag erhoben der anerkannte Gräzist Simon Grynaeus, der alle akademischen Titel grundsätzlich ablehnte, und die Basler Geistlichkeit unter der Führung von Oswald Myconius, die keine Unterordnung der Kirche unter einer akademischen Institution wollte.

Dieser Fundamentalopposition zum Trotz nahm der Rat den Antrag an und machte ihn zur Grundlage eines neuen Universitätsstatuts, das am 26. Juli 1539 erlassen wurde. Die Wut der unterlegenen Geistlichen wurde noch gesteigert, als Bürgermeister Adelberg Meyer die Gesamtheit der Pfarrer und Pfarrhelfer am 7. Oktober 1539 vor den versammelten Rat zitierte, um sie mit einer Art obrigkeitlicher Busspredigt zu demütigen, in der er sie nochmals ermahnte, «allen Neid und Hass untereinander abzustellen» und sich, wie vorher versprochen, dem neuen Universitätsstatut vom 26. Juli zu fügen. Die somit zementierte Spaltung von Universität und Kirche in zwei feindliche Lager begann sich erst zu entschärfen, als zwei der Hauptprotagonisten des Streites von der in Basel 1541 wütenden Pest hinweggerafft wurden: Simon Grynaeus am 1. August 1541 und Andreas Karlstadt am 24. Dezember 1541.

St. B.

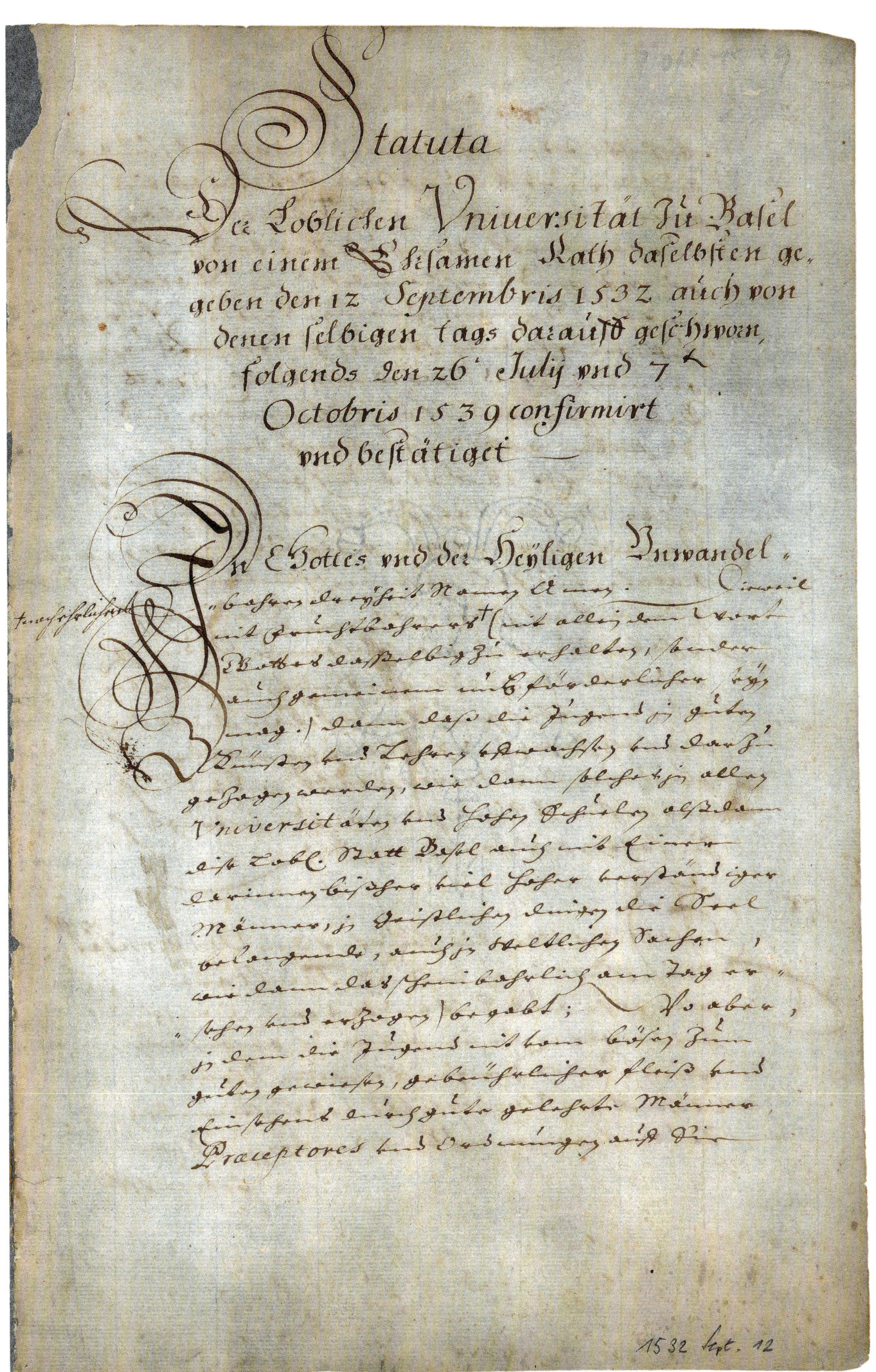

Statuta
Der Loblichen Vniuersität zu Basel
von einem Ersamen Rath daselbsten gegeben den 12 Septembris 1532 auch von
denen selbigen tags daraüff geschwor[e]n,
folgends den 26. July vnd 7.
Octobris 1539 confirmirt
vnd bestätiget

In Gottes vnd der Heÿligen Vnwandel

1532 Sept. 12

8.6. Übertragung der bischöflichen Kanzlerrechte

Urkunde vom 31. Oktober 1532
Staatsarchiv Basel-Stadt, Universitätsarchiv, Pergamenturkunden 3
Lit.: Steiner 1942.

Was Papst Pius II. (→ 6.1.) bereits in der Stiftungsbulle (→ 1.2.) der Universität angeordnet hatte, wurde im Freiheitsbrief (→ 1.5.) vom städtischen Rat beglaubigt und bekräftigt: Es solle «ein yeglicher Bischoff von Basel Canczler der benannt Schule» sein. Der jeweilige Bischof von Basel durfte folglich das Recht für sich beanspruchen, die Privilegien derjenigen zu erteilen und zu erneuern, die als Rektor, Regenz und Vizekanzler die Geschäfte der Universität für ihn führten. Dies beinhaltete, dass etwa Doktorpromotionen in seinem Namen ausgeführt und auch bei anderen Anlässen von Bedeutung seiner Autorität gedacht wurde. Dass er von eben dieser Autorität von Anfang an kaum Gebrauch machte und auch vor der Reformation selten persönlich in Erscheinung trat, rückt die Regelung ins Licht der tatsächlichen Verhältnisse. Obwohl sich die Universität der päpstlichen Stiftung rühmen konnte, war ihre eigentliche Gründerin und Trägerin die Stadt Basel. Diese übte unumschränkt ihr Aufsichtsrecht aus, ja baute dieses kontinuierlich aus. Der Bischof, dessen frühere politische Hoheitsrechte zur Zeit der Gründung der Hohen Schule bereits verloren waren, konnte gegenüber der Stadt seine Ansprüche wohl geltend machen, aber kaum gegen ihren Willen durchsetzen.

Dass das Kanzleramt des Bischofs im Zuge der Reformation nicht abgeschafft, sondern bestätigt wurde, mag gerade mit der Position der Stärke zusammenhängen, in der sich der Rat befand. Er hatte von der Fortdauer des Verhältnisses keine Nachteile zu erwarten, sah aber im Falle seiner Beendigung das Prestige der Universität und die Gültigkeit der Doktordiplome gefährdet. Dass er zudem mit dem Bischof in Verhandlungen zur Erneuerung der Handfeste stand, mag es ebenfalls ratsam gemacht haben, eine Konfrontation zu vermeiden (Steiner 1942, 66f.). So bat er Bischof Philipp von Gundelsheim 1532 mittels einer Botschaft um die Ernennung eines Vizekanzlers und legte ihm die neuen Statuten (→ 8.5.) vor. Philipp bemängelte, dass die päpstliche Stiftung der Universität darin mit keinem Wort erwähnt wurde, zeigte sich aber zu Verhandlungen bereit. Deren Ergebnis war eine vertragliche Vereinbarung, festgehalten in der hier abgebildeten Urkunde vom 31. Oktober 1532. Der Bischof überträgt darin den Dekanen der vier Fakultäten das Vizekanzleramt auf zehn Jahre. Die damit verbundenen Rechte könnten danach erneuert, aber auch jederzeit von ihm oder seinen Nachfolgern zurückgenommen werden.

Freilich wurde in Folge von keiner Seite versucht, das Vizekanzleramt aufzuheben. Alle zehn Jahre wurde eine Deputation von zwei oder drei Angehörigen des Lehrkörpers mit Begleitung zusammengestellt, die nach Pruntrut reiste, sich fürstlich bewirten und das bischöfliche Privileg für den geringfügigen Betrag von zehn Gulden erneuern liess. Während der Rektor anfänglich noch an den Expeditionen teilnahm, überliess er die Aufgabe schon bald seinen würdigen Professoren. Diese legten jeweils mit einem Gesandtschaftsbericht über das Unterfangen Rechenschaft ab. Der Brauch wurde, obschon er längst als reine Formsache betrachtet wurde, fast dreihundert Jahre lang beibehalten. Die erhaltenen Berichte der Deputationen zeugen von dem starren Programm und Protokoll des Unternehmens, aber auch von dem beidseitigen Bemühen, die eigene Würde und Bedeutsamkeit bei der Gelegenheit zur Schau zu tragen. Aufwand und Mühseligkeit der Reise, die volle ein bis zwei Tage dauern konnte, und Verhinderungen durch Krankheit, politische Umwälzungen oder Unwetter führten schliesslich dennoch zu einer Lockerung der Praxis. Die Erneuerung der Privilegien wurde immer wieder verschoben oder hinausgezögert, bis man sich 1752 einigte, nur jedes zweite Jahrzehnt eine Deputation zu schicken und die Erneuerung der Privilegien das andere Mal auf schriftlichem Wege erfolgen zu lassen (vgl. ebd., 77).

Ein natürliches Ableben des lang gepflegten Brauchs zeichnete sich in dieser Entwicklung zwar ab, doch es war die Französische Revolution, die schliesslich sein abruptes Ende herbeiführte. 1792 rückten die Franzosen ins Bistum ein und trieben Bischof Joseph Sigmund von Roggenbach in die Flucht. Er starb im Exil – und mit ihm das bedeutungslos gewordene Kanzleramt, welchem niemand nachtrauerte.

S. St.

PHILIPPUS DEI GRA EPS BASILIENSIS ac alme universitatis Basilien: Cancellarius Venerabilibus & peritis nobisq sinceriter dilectis
Decanis & Collegio Doctorum atq magistrorum facultatum dicte universitatis Salutem in omnium salvatore. Cum in presentiarum
multis arduis ecclesie nre prepediti negotiis, offitium Cancellariatus, eiusdem universitatis personaliter provicere, non valeamus. nec
velimus prefate universitatis In dictis facultatibus promovendos auditores, honores licentie magistery atq doctoratus adipisci desidrantes.
quovis modo negligi, aut dilatione incommoda prepediri, Quin potius totis nris viribus apices huiusmodi dignitatum seu graduum in aug-
mentum fidei orthodoxe propagari. Idcirco bona deliberatione decanis dictarum facultatum studii litterarum Basilien: presentibus & quibuslibet qui
Pro tempore in subscripto termino decani earundem facultatum fuerint, vices nras in hac parte iuxta mentem & intentionem fundationis dicte uni-
versitatis exercendas committendum duximus & committimus, presentium per tenorem. volentes q. presentes et post eos quilibet dictarum facultatum Decani vel eorum vices gerentes prefatum offitium Cancellariatis in omnibus et singulis ipsis concernen: iuxta traditam in lris fundation:
formam & regulam fideliter exerceant, ac vices nras. pro ut secundum deum & rationem sibi melius videbitur expedire, teneant & suppleant.
dolo & fraude semotis. Super quibus Conscientiam cuiuslibet Decani volumus onerari, presentibus nris lris ad decennium proxime futurum. vel interim ad revocationem earundem per nos aut successores nros, ex causa fortassis ltia, fiendam & non ultra valituris. Datum in Castro nostro
Purrentruco sub nri appensione sigilli Ultima Octobris Anno Christiane nativitatis millesimo quingentesimo tricesimo secundo.

Literaturverzeichnis

Ackermann, Felix und Therese Wollmann, Klöster in Basel. Spaziergänge durch fünf Jahrhunderte, Basel 2009.

Alioth, Martin/Ulrich Barth/Dorothee Huber, Vom Brückenschlag 1225 bis zur Gegenwart (Basler Stadtgeschichte 2), Basel 1980.

Allen, Percy S. (Hg.), Opus epistolarum Desiderii Erasmi Roterodami, 12 Bde., Oxford 1906–1958.

Aschmann, Rudolf et al. (Hgg.), Der Humanist Heinrich Loriti, genannt Glarean, 1488–1563, Mollis 1983.

Augustijn, Cornelis, Erasmus – der Humanist als Theologe und Kirchenreformer (Studies in medieval and reformation thought 59), Leiden 1996.

Baer, Casimir H., Die Kunstdenkmäler des Kantons Basel-Stadt. Bd. 1. Vorgeschichte; Römische und fränkische Zeit; Geschichte und Stadtbild; Befestigungen; Areal und Rheinbrücke; Rathaus und Staatsarchiv (Die Kunstdenkmäler der Schweiz), Basel 1932.

Baer, Casimir H. (Bd. 3) und François Maurer (Bde. 4–5), Die Kunstdenkmäler des Kantons Basel-Stadt. Bde. 3–5. Die Kirchen, Klöster und Kapellen (Die Kunstdenkmäler der Schweiz), Basel 1941–1966.

Barge, Hermann, Andreas Bodenstein von Karlstadt, Bd. 2, Leipzig 1905 (Neudruck Nieuwkoop 1968).

Basler Chroniken, hg. v. der Historischen und Antiquarischen Gesellschaft in Basel, Bde. 4–5, Leipzig 1901–1905.

Barth, Ulrich, Wer ist Meister Andres, der Verfertiger des Universitätsszepters? in: Historisches Museum, Jahresberichte und Rechnungen 1960, Basel 1961, S. 30–39.

Bernoulli, Carl Christoph (Hg.), Die Statuten der theologischen Fakultät der Universität Basel, Basel 1910.

Bernoulli, Karl Christoph, Über unsere alten Klosterbibliotheken, in: Basler Jahrbuch 1895, S. 79–91.

Beyer, Andreas, Die Bibliothek als Bild. Die ‹Libreria Piccolomini› in Siena als anschaulicher Erinnerungsort, in: Terzoli 2006, S. 341–355.

Bonjour, Edgar, Basel in einigen alten Stadtbildern und in den beiden berühmten Beschreibungen des Aeneas Sylvius Piccolomini, herausgegeben zur Erinnerung an die Beschwörung des Bundes zwischen Basel und den Eidgenossen, mit einer Einführung von E. Bonjour, Basel 1951.

Bonjour, Edgar, Die Gründung der Universität Basel, in: Die Schweiz und Europa. Ausgewählte Reden und Aufsätze, Basel 1958, S. 397–417.

Bonjour, Edgar, Die Universität Basel von den Anfängen bis zur Gegenwart 1460–1960, Basel 1960 (Neudruck 1971).

Bonjour, Edgar (= Bonjour 1960a), Zur Gründungsgeschichte der Universität Basel, in: Schweizerische Zeitschrift für Geschichte 10, 1960, S. 59–80.

Borgolte, Michael, Die Rolle des Stifters bei der Gründung mittelalterlicher Universitäten erörtert am Beispiel Freiburgs und Basels, in: Basler Zeitschrift für Geschichte und Altertumskunde 85, 1985, S. 85–119.

Bruckner, Albert/Kundert/Johann B. Villiger/Peter L. Zaeslin, Das Alte Bistum Basel. Einleitung, in: Helvetia Sacra I/1, Basel 1972, S. 127–158.

Burckhardt, Max, Aus dem Umkreis der Basler Universitätsbibliothek, in: Basler Zeitschrift für Geschichte und Altertumskunde 58/59, 1959, S. 156–191.

Burckhardt-Biedermann, Theophil, Die Erneuerung der Universität zu Basel in den Jahren 1529–1539, in: Beiträge zur vaterländischen Geschichte 14, 1896, S. 401–487.

Burmeister, Karl Heinz, Sebastian Münster. Versuch eines biographischen Gesamtbildes (Basler Beiträge zur Geschichtswissenschaft 91), Basel 1963.

Burnett, Amy Nelson, «Kilchen ist uff dem Radthus»? Conflicting Views of Magistrate and Ministry in Early Reformation Basel, in: Debatten über Legitimation von Herrschaft. Politische Sprachen in der Frühen Neuzeit, hg. v. Luise Schorn-Schütte und Sven Tode, Berlin 2006, S. 49–65.

Burnett, Amy Nelson (= Burnett 2006a), Teaching the Reformation. Ministers and Their Message in Basel, 1529–1629, Oxford 2006.

Christ-von Wedel, Christine, Erasmus von Rotterdam. Anwalt eines neuzeitlichen Christentums, Münster 2003.

De Libera, Alain, Der Universalienstreit. Von Platon bis zum Ende des Mittelalters, München 2005.

Denifle, Heinrich (Hg.), Chartularium Universitatis Parisiensis, Paris 1889.

Deutsche Reichstagsakten, Ältere Reihe, 22 Bde., Gotha 1867–2001.

Eggenberger, Dorothee, Konrad Witz and the Council of Basel, in: 1000 Years of Swiss Art, hg. v. Heinz Horat, New York 1992, S. 104–114.

Egger, Franz, Das Szepter der Universität Basel (Basler Kostbarkeiten 13), Basel 1992.

Egli, Emil, Biblianders Leben und Schriften, in: ders., Analecta reformatoria, Bd. 2, Zürich 1901, S. 1–144.

Elsig, Frédéric, La peinture à Bâle au temps du Concile, in: Terzoli 2006, S. 117–128.

Escher, Konrad, Das Testament des Kardinals Johannes de Ragusio, in: Basler Zeitschrift für Geschichte und Altertumskunde 16, 1917, S. 208–212.

Firpo, Luigi, Enea Silvio, pontefice e ‹poeta›, in: Enea Silvio Piccolomini. Storia di due amanti e Rimedio d'amore, traduzione e introduzione di Maria Luisa Doglio, Torino 1973, S. IX–XXXIV.

Flasch, Kurt, Nicolaus Cusanus, München 2001.

Fleig, Hans (Hg.), Petrus Ramus, Basilea. Eine Rede an die Stadt Basel aus dem Jahre 1570, lateinisch und deutsch, übersetzt und eingeleitet von H. F., Basel 1944.

Füssel, Marian, Riten der Gewalt. Zur Geschichte der akademischen Deposition und des Pennalismus in der frühen Neuzeit, in: Historische Forschung 32, 2005, S. 605–648.

Füssel, Stephan (Hg.), Hartmann Schedel, Weltchronik. Kolorierte Gesamtausgabe von 1493. Einleitung und Kommentar von St. Füssel, Köln 2001.

Gäbler, Ulrich, Die Basler Reformation, in: Theologische Zeitschrift 47, 1991, S. 7–17.
Gäbler, Ulrich, Art. Johannes Oekolampad, in: Theologische Realenzyklopädie, Bd. 25, Berlin 1995, S. 29–36.
Ganz, Paul Leonhard, Die Miniaturen der Basler Universitätsmatrikel, Herausgegeben im Auftrag der Universität Basel zur Feier ihres fünfhundertjährigen Bestehens, Basel 1960.
Garin, Eugenio, La giovinezza di Enea Silvio Piccolomini, Enea Silvio umanista, Pio II, in: Storia della Letteratura italiana, III, Il Quattrocento e l'Ariosto, diretta da Emilio Cecchi e Natalino Sapegno, Milano 1966, S. 177–198.
Gieysztor, Aleksander, Organisation und Ausstattung, in: Geschichte der Universität in Europa, hg. v. Walter Rüegg, Bd. 1, München 1993, S. 109–138.
von Greyerz, Kaspar, Reformation, Humanismus und offene Konfessionspolitik, in: Basel – Geschichte einer städtischen Gesellschaft, hg. v. Georg Kreis und Beat von Wartburg, Basel 2000, S. 80–109.
von Greyerz, Kaspar, Art. Sebastian Münster, in: Historisches Lexikon der Schweiz, Bd. 8, Basel 2008, S. 859.
Guggisberg, Hans Rudolf, Basel in the Sixteenth century. Aspects of the city republic before, during, and after the Reformation, St. Louis (MO) 1982.
Guggisberg, Hans Rudolf, Art. Johannes Oekolampad, in: Gestalten der Kirchengeschichte, hg. v. Martin Greschat, Bd. 5, Stuttgart 1984, S. 117–128.
Hagemann, Hans Rudolf, Rechtswissenschaft und Basler Buchdruck an der Wende vom Mittelalter zur Neuzeit, in: Zeitschrift der Savigny-Stiftung für Rechtsgeschichte (Germanistische Abteilung) 77, 1960, S. 241–287.
Hagenbach, Karl Rudolf, Erinnerung an Äneas Silvius Piccolomini (Papst Pius II.). Rectoratsrede gehalten den 24. September 1840, Basel 1840.
Haller, Johannes et al. (Hgg.), Concilium basiliense. Studien und Quellen zur Geschichte des Concils von Basel, 8 Bde., Basel 1896–1936.
Hartmann, Alfred (Hg.), Die Eröffnungsfeier der Universität Basel, 4. April 1460 [lat./dt.], der hohen Regenz zur Einweihung des neuen Kollegienhauses gewidmet von der öffentlichen Bibliothek der Universität Basel, 10. Juni 1939, Basel 1939.
Hartmann, Alfred/Beat Rudolf Jenny (Hgg.), Die Amerbachkorrespondenz, 10 Bde., Basel 1942–1991.
Hay, Denys und Wilfrid Kirk Smith (Hgg.), Aeneas Sylvius Piccolominus (Pius II), De gestis concilii Basiliensis commentariorum libri 2, Oxford 1967.
Heck van, Adrian (Hg.), Enea Silvio Piccolomini Papa Pio II. Commentarii rerum memorabilium quae temporibus suis contingerunt, ad codicum fidem nunc primum, Città del Vaticano 1984.
Helmrath, Johannes, Das Basler Konzil 1431–1449. Forschungsstand und Probleme, Köln 1987.
Holborn, Hajo, Desiderius Erasmus Roterodamus. Ausgewählte Werke, München 1933.
Horawitz, Adalbert und Karl Hartfelder (Hgg.), Briefwechsel des Beatus Rhenanus, Leipzig 1886 (Nachdruck 1966).
Hossfeld, Max, Johannes Heynlin aus Stein, in: Basler Zeitschrift für Geschichte und Altertumskunde 6, 1907, S. 309–356, und 7, 1908, S. 79–219 u. 235–431.
Huber, Johann Rudolf, Recueil de XXIV différens costumes de la ville et du canton de Basle choisis dans divers états de la société sur la fin du XVIIe siècle. Gravés d'après les dessins de J. R. Huber par J. R. Schellenberg, hg. v. Chrétien de Mechel, Basel 1798.
Hürbin, Joseph, Peter von Andlau – der Verfasser des ersten deutschen Reichsstaatsrechts, Strassburg [2]1897.
Junghans, Hermann A. (Hg.), Sebastian Brant, Das Narrenschiff, Stuttgart 1964 (Neudruck 1998).
Kisch, Guido, Die Anfänge der Juristischen Fakultät der Universität Basel 1459–1529, Basel 1962.
Kisch, Guido, Rezension zu Wackernagel 1951–1956, in: Zeitschrift der Savigny-Stiftung für Rechtsgeschichte (Germanistische Abteilung) 74, 1957, S. 369–371.
Knape, Joachim, Die Entstehung von Brants Narrenschiff in Basel 1494, in: Jahrbuch der Oswald von Wolkenstein Gesellschaft 7, 1992/1993, S. 293–303.
Knape, Joachim (Hg.), Sebastian Brant, Das Narrenschiff. Mit allen 114 Holzschnitten des Drucks Basel 1494, Stuttgart 2005.
Knape, Joachim (= Knape 2005a), Art. Sebastian Brant (Titio), in: Deutscher Humanismus 1480–1520. Verfasserlexikon, hg. v. Franz Josef Worstbrock, Bd. 1, Berlin 2005, Sp. 247–283.
Könneker, Barbara, Sebastian Brant. Das Narrenschiff. Interpretationen, München 1966.
Laband, Paul, Über die Bedeutung der Rezeption des Römischen Rechts für das deutsche Staatsrecht, Strassburg 1880.
Labhardt, Alfred, Geschichte der Kollegiengebäude der Universität Basel – 1460–1936, Basel 1939.
Lauener, Michael, Art. Das Konzil, die Stadt Basel und die Eidgenossenschaft, in: Historisches Lexikon der Schweiz, Bd. 2, Basel 2002, S. 58.
Lazarus, Paul, Das Basler Konzil. Seine Berufung und Leitung, seine Gliederung und seine Behördenorganisation, Berlin 1912.
Lehmann, Paul, Versprengte Handschriften der Basler Dominikanerbibliothek, in: Basler Zeitschrift für Geschichte und Altertumskunde 20, 1922, S. 176–182.
Leu, Urs B., Aneignung und Speicherung enzyklopädischen Wissens. Die Loci-Methode von Erasmus, in: Erasmus in Zürich. Eine verschwiegene Autorität, hg. v. Christine Christ-von Wedel und Urs B. Leu, Zürich 2007.
Lorenz, Sönke (Hg.), Attempto – oder wie stiftet man eine Universität? Die Universitätsgründungen der sogenannten zweiten Gründungswelle im Vergleich (Contubernium. Tübinger Beiträge zur Universitäts- und Wissenschaftsgeschichte 50), Stuttgart 1999.
Mähl, Hans-Joachim, Nachwort, in: Sebastian Brant, Das Narrenschiff, übertragen von Hermann A. Junghans, Stuttgart 1964 (Neudruck 1998), S. 461–521.
Maurer 1966, s. Baer/Maurer 1941–1966.
McLean, Matthew, The Cosmographia of Sebastian Münster. Describing the World in the Reformation, Aldershot 2007.
Mommsen, Karl, Katalog der Basler juristischen Disputationen 1558–1818, Frankfurt am Main 1978.
Müller, Rainer A., Peter von Andlau, Kaiser und Reich (Libellus de Cesarea monarchia), lat./dt., Frankfurt am Main 1998.
Nagel, Fritz, Der belehrte Lehrer. Nicolaus Cusanus und Enea Silvio Piccolomini, in: Terzoli 2006, S. 35–53.
Ochs, Peter, Geschichte der Stadt und Landschaft Basel, 8 Bde., Basel 1786–1832.
Paparelli, Gioacchino, Enea Silvio Piccolomini, Bari 1950.

Pastor, Ludwig, Geschichte der Päpste seit dem Ausgang des Mittelalters. Mit Benutzung des päpstlichen Geheim-Archives und vieler anderer Archive, Bd. 2, Freiburg im Breisgau 1894².

Rapp Buri, Anna/Monica Stucki-Schürer, Der Flachsland-Teppich, Basler Kostbarkeiten 10, Basel 1989.

Raupp, Werner, Art. Sebastian Münster, in: Biographisch-Bibliographisches Kirchenlexikon 6, Herzberg 1993, Sp. 316–326 (auch online auf www.bbkl.de).

Reedijk, Cornelis, Das Lebensende des Erasmus, in: Basler Zeitschrift für Geschichte und Altertumskunde 57, 1958, S. 23–66.

Reedijk, Cornelis, Tandem bona causa triumphat. Zur Geschichte des Gesamtwerkes des Erasmus von Rotterdam, Basel 1980.

Reinhardt, Hans, Die Anfertigung des Chorgestühls im Münster für das Basler Konzil, in: Basler Zeitschrift für Geschichte und Altertumskunde 34, 1935, S. 289–296.

Ribbert, Margret, Auf Basler Köpfen. Kulturgeschichtliche Aspekte von Hüten, Hauben, Mützen (Neujahrsblatt der GGG 181), Basel 2003.

Riggenbach, Bernhard (Hg.), Konrad Pellikan, Chronikon, Basel 1877.

Roth, Paul (Hg.), Aktensammlung zur Geschichte der Basler Reformation in den Jahren 1519 bis Anfang 1534, Bd. 3, Basel 1937, S. 383–410.

Sauerborn, Franz-Dieter, «hic est celebris ille Glareanus». Glareans Leben und Persönlichkeit, in: Schwindt 2006, S. 65–76.

von Scarpatetti, Beat Matthias, Art. Johannes Heynlin de Lapide (von Stein), in: Verfasserlexikon, Bd. 3, Berlin ²1983, Sp. 1213–1219.

Schenk, Gerrit Jasper, Sehen und gesehen werden. Der Einzug König Sigismunds zum Konstanzer Konzil 1414 im Wandel von Wahrnehmung und Überlieferung (am Beispiel von Handschriften und frühen Augsburger Drucken der Richental-Chronik), in: Medien und Weltbilder im Wandel der Frühen Neuzeit (Documenta Augustana 5), hg. v. Franz Mauelshagen und Benedikt Mauer, Augsburg 2000, S. 71–106.

Schenk, Gerrit Jasper, Zeremoniell und Politik. Herrschereinzüge im spätmittelalterlichen Reich (Forschungen zur Kaiser- und Papstgeschichte des Mittelalters, Beihefte zu J. F. Böhmer, Regesta Imperii 21), Köln 2003.

Schmidt, Philip, Die Bibliothek des ehemaligen Dominikanerklosters in Basel, in: Basler Zeitschrift für Geschichte und Altertumskunde 18, 1919, S. 160–254.

Schofield, Artur N. Edward D., Art. Basel-Ferrara-Florenz, Konzil von. Das Konzil von Basel, in: Theologische Realenzyklopädie, Bd. 5, Berlin 1980, S. 284–289.

Schönberg, Gustav, Finanzverhältnisse der Stadt Basel im XIV. und XV. Jahrhundert, Tübingen 1879.

Schuler, Peter-Johannes, Geschichte des südwestdeutschen Notariats. Von seinen Anfängen bis zur Reichsnotariatsordnung von 1512 (Veröffentlichungen des Alemannischen Instituts Freiburg/Br. 39), Bühl (Baden) 1976.

Schuler, Peter-Johannes, Genese und Symbolik des nordeuropäischen Notarszeichens, in: Graphische Symbole in mittelalterlichen Urkunden. Beiträge zur diplomatischen Semiotik (Historische Hilfswissenschaften 3), hg. v. Peter Rück, Sigmaringen 1996, S. 669–687.

Schüpbach, Samuel, Der Rektor bittet zu Tisch. Universität und Bürgerschaft an den Rektoratsessen der Amerbach (1540–1566), in: Basler Zeitschrift für Geschichte und Altertumskunde 96, 1996, S. 57–91.

Schwindt, Nicole (Hg.), Heinrich Glarean oder: Die Rettung der Musik aus dem Geist der Antike? (Trossinger Jahrbuch für Renaissancemusik 5), Kassel 2006.

Settis, Salvatore/Donatella Toracca (a cura di), La Libreria Piccolomini nel Duomo di Siena, Modena 1998.

Shepherd, Gyde Vanier Gilbert, A monument to Pope Pius II. Pinturicchio and Raphael in the Piccolomini Library in Siena 1494–1508, 2 Bde., Cambridge (Mass.) 1993.

Sieber, Marc, Glarean in Basel, in: Jahrbuch des historischen Vereins des Kantons Glarus 60, 1963, S. 53–75.

Sieber, Marc, Motive der Basler Universitätsgründung, in: Lorenz 1999, S. 113–128.

Sieber, Marc, Ungehobelte Studenten, Wölfe und singende Professoren, in: Begegnungen mit dem Mittelalter in Basel. Eine Vortragsreihe zur mediävistischen Forschung, hg. v. Simona Slanička, Basel 2000, S. 123–141.

Sieber-Lehmann, Claudius, Basel und «sein» Konzil, in: Die Konzilien von Pisa (1409), Konstanz (1414–1418) und Basel (1431–1449). Institution und Personen (Vorträge und Forschungen 67), hg. v. Heribert Müller und Johannes Helmrath, Ostfildern 2007, S. 173–204.

Speck, Dieter, Fürst, Räte und die Anfänge der Freiburger Universität, in: Lorenz 1999, S. 55–111.

Staehelin, Andreas, Geschichte der Universität Basel 1632–1818, Bd. 1, Basel 1957.

Staehelin, Ernst, Oekolampad-Bibliographie, Basel 1918 (Neudruck Nieuwkoop 1963).

Staehelin, Ernst (Hg.), Briefe und Akten zum Leben Oekolampads, zum vierhundertjährigen Jubiläum der Basler Reformation, 2 Bde., Leipzig 1927–1934 (Neudruck 1971).

Staehelin, Ernst, Das theologische Lebenswerk Johannes Oekolampads, Leipzig 1939.

Steiner, Gustav, Deputation der Basler Universität an den fürstbischöflichen Kanzler, Basel 1942.

Strohm, Christoph, Eigenart und Aktualität der Basler Reformation, in: Johannes Oekolampad, Wibrandis Rosenblatt und die Reformation in Stadt und Landschaft Basel, hg. v. den Evangelisch-Reformierten Kirchen beider Basel, Basel 2005, S.16–29.

Sudmann, Stefan, Das Basler Konzil. Synodale Praxis zwischen Routine und Revolution, Frankfurt am Main 2005.

Tammen, Björn R., Musik und Bild im Chorraum mittelalterlicher Kirchen 1100–1500, Berlin 2000.

Tebel, René, Hartmann Schedels Weltchronik, in: Welt-Zeit. Christliche Weltchronistik aus zwei Jahrtausenden in Beständen der Thüringer Universitäts- und Landesbibliothek Jena, hg. v. Martin Wallraff, Berlin 2005, S. 107–114.

Terzoli, Maria Antonietta, Aeneas Silvius Piccolomini und Basel. Enea Silvio Piccolomini e Basilea, Basel 2005.

Terzoli, Maria Antonietta (Hg.), Enea Silvio Piccolomini: Uomo di lettere e mediatore di culture, Gelehrter und Vermittler der Kulturen, Atti del Convegno Internazionale di Studi – Internationaler Studienkongress, Basilea 21–23 aprile 2005, Basel 2006.

Terzoli, Maria Antonietta (= Terzoli 2006a), Intento pedagogico e tradizione misogina nella ‹Historia de duobus amantibus›, in: Terzoli 2006, S. 169–206.

Terzoli, Maria Antonietta (= Terzoli 2006b), Enea Silvio Piccolomini e Basilea, in: Enea Silvio Piccolomini. Arte, Storia e Cultura nell'Europa di Pio II, Atti dei Convegni Internazionali di Studi

2003–2004, a cura di Roberto Di Paola et al., Roma 2006, S. 214–227.

Teuteberg, René, Art. Johannes Oekolampad, in: Der Reformation verpflichtet. Gestalten und Gestalter in Stadt und Landschaft Basel aus fünf Jahrhunderten, hg. v. Kirchenrat der Evangelisch-reformierten Kirche Basel-Stadt, Basel 1979, S. 21–28.

Teuteberg, René, Basler Geschichte, Basel 1986.

Thanner, Brigitte, Johann Rudolf Schellenberg und die schweizerische Buchillustration im Zeitalter der Aufklärung, in: Johann Rudolf Schellenberg. Der Künstler und die naturwissenschaftliche Illustration im 18. Jahrhundert, hg. v. d. Stadtbibliothek Winterthur, Winterthur 1987, S. 7–181.

Thommen, Rudolf, Basler Studentenleben im 16. Jahrhundert, in: Basler Jahrbuch 1887, S. 94–140.

Thommen, Rudolf, Geschichte der Universität Basel 1532–1632, Basel 1889.

Thommen, Rudolf, Basel und das Basler Konzil, in: Basler Jahrbuch 1895, S. 188–225.

Thommen, Rudolf (= Thommen 1895a), Zur Geschichte des Basler Konzils, in: Anzeiger für Schweizerische Geschichte 3, 1895, S. 213–223.

Tolias, George, Nikolaos Sophianos's Totius Graeciae Descriptio. The Resources, Diffusion and Function of a Sixteenth-Century Antiquarian Map of Greece, in: Imago Mundi 58, 2006, S. 150–182.

Tönnesmann, Andreas, Pienza. Städtebau und Humanismus, München 1990.

Totaro, Luigi (Hg.), Enea Silvio Piccolomini Papa Pio II, I Commentarii, 2 Bde., Milano 1984.

Totaro, Luigi, Enea Silvio e il Concilio di Basilea, in: Terzoli 2006, S. 73–116.

Urkundenbuch der Stadt Basel, hg. v. d. Historischen und Antiquarischen Gesellschaft zu Basel, 11 Bde., Basel 1890–1910.

Vernet, André, Les manuscrits grecs de Jean de Raguse, in: Basler Zeitschrift für Geschichte und Altertumskunde 61, 1961, S. 75–108.

Vischer, Eberhard, Die Lehrstühle und der Unterricht an der theologischen Fakultät Basels seit der Reformation, in: Festschrift zur Feier des 450-jährigen Bestehens der Universität Basel, hg. v. Rektor und Regenz der Universität Basel, Basel 1910, S. 14–21.

Vischer, Wilhelm, Geschichte der Universität Basel von der Gründung 1460 bis zur Reformation 1529, Im Auftrag der akademischen Regenz zur feier des vierhundertjährigen Jubiläums, Basel 1860.

Voss, Frederike, Das Mittelniederdeutsche Narrenschiff (Lübeck 1497) und seine hochdeutschen Vorlagen (Niederdeutsche Studien 41), Köln 1994.

Wackernagel, Hans Georg (Hg.), Die Matrikel der Universität Basel, Im Auftrag der Universität Basel, Bd. 1. 1460–1529; Bd. 2. 1532/33–1600/01, Basel 1951–1956.

Wackernagel, Rudolf, Geschichte des Barfüsserklosters zu Basel, in: Festbuch zur Eröffnung des historischen Museums, Basel 1894, S. 159–211.

Wackernagel, Rudolf, Geschichte der Stadt Basel, 3 Bde., Basel 1907–1924.

Weber, Christoph Friedrich, Schriftstücke in der symbolischen Kommunikation zwischen Bischof Johann von Venningen (1458–1478) und der Stadt Basel, in: Frühmittelalterliche Studien 37, 2003, S. 355–383.

Weber, Christoph Friedrich, Ces grands privilèges. The Symbolic Use of Written Documents in the Foundation and Institutionalization Processes of Medieval Universities, in: History of Universities 19/1, 2004, S. 12–62.

Weber, Christoph Friedrich (= Weber 2004a), Vom Herrschaftsverband zum Traditionsverband? Schriftdenkmäler in öffentlichen Begegnungen von bischöflichem Stadtherrn und Rat im spätmittelalterlichen Basel, in: Frühmittelalterliche Studien 38, 2004, S. 449–491.

Wennecker, Erich, Art. Konrad Pellikan, in: Biographisch-Bibliographisches Kirchenlexikon 7, Herzberg 1994, S. 180–183 (auch online auf www.bbkl.de).

Widmer, Berthe, Enea Silvios Lob der Stadt Basel und seine Vorlagen, in: Basler Zeitschrift für Geschichte und Altertumskunde 58/59, 1959, S. 111–138.

Widmer, Berthe, Enea Silvio Piccolomini Papst Pius II. Ausgewählte Texte aus seinen Schriften, herausgegeben, übersetzt und biographisch eingeleitet, Festgabe der Historischen und antiquarischen Gesellschaft zu Basel an die Universität bei Anlass ihres fünfhundertjährigen Bestehens zum Gedächtnis ihres Stifters, Basel 1960.

Widmer, Berthe, Geleitbriefe und ihre Anwendung in Basel zur Zeit des tagenden Generalkonzils von 1431–1449, in: Basler Zeitschrift für Geschichte und Altertumskunde 92, 1992, S. 9–99.

Wilhelmi, Thomas, Zum Leben und Werk Sebastian Brants, in: Sebastian Brant. Forschungsbeiträge zu seinem Leben, zum «Narrenschiff» und zum übrigen Werk, hg. v. T. Wilhelmi, Basel 2002, S. 7–35.

Wohlmuth, Josef, I concili di Costanza (1414–1418) e Basilea (1431–1449), in: Storia dei Concili Ecumenici, a cura di Giuseppe Alberigo, Brescia 1990, S. 219–281.

Wolkan, Rudolf (Hg.), Der Briefwechsel des Eneas Silvius Piccolomini (Fontes rerum Austriacarum, Diplomataria et Acta, II, 61/62), Wien 1909.

Wurstisen, Christian, Baszler Chronick, Basel 1580.

Wüthrich Lukas, Die Insignien der Universität Basel, hg. zum fünfhundertjährigen Bestehen der Universität Basel 1460–1960 (Studien zur Geschichte der Universität Basel 8), Basel 1959.

Zürcher, Christoph, Konrad Pellikans Wirken in Zürich, 1526–1556 (Zürcher Beiträge zur Reformationsgeschichte 4), Zürich 1975.

Autorenverzeichnis

Achenbach, Stefan	St. A.
Buckwalter, Stephen	St. B.
Burghartz, Susanna	S. B.
Christ-von Wedel, Christine	Ch. Ch.-v. W.
Dill, Ueli	U. D.
Egger, Franz	F. E.
Gäbler, Ulrich	U. G.
Henrich, Rainer	R. H.
Keßler, Martin	M. K.
Kunz, Ronald	R. K.
Meier, Lea	L. M.
Schüpbach, Samuel	S. Sch.
Steinmann, Martin	M. St.
Stöcklin-Kaldewey, Sara	S. St.
Stutz, Jonathan	J. St.
Terzoli, Maria Antonietta	M. A. T.
Wallraff, Martin	M. W.
Weber, Christoph Friedrich	C. F. W.
Weber, Martina	M. We.
Wöller, Florian	F. W.
Zollinger, Dunja	D. Z.

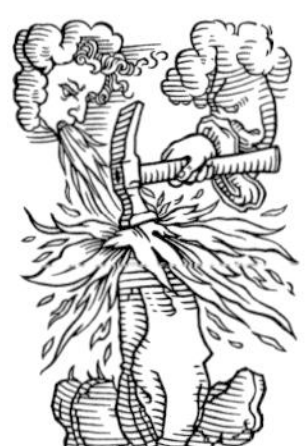

Das Signet des 1488 gegründeten Druck- und Verlagshauses Schwabe reicht zurück in die Anfänge der Buchdruckerkunst und stammt aus dem Umkreis von Hans Holbein. Es ist die Druckermarke der Petri; sie illustriert die Bibelstelle Jeremia 23,29: «Ist nicht mein Wort wie Feuer, spricht der Herr, und wie ein Hammer, der Felsen zerschmettert?»